供应链三部曲之一

Supply Iron Army
Change, mode and method of Huawei supply chain

供应铁军

华为供应链的变革、模式和方法

袁建东 著

机械工业出版社
CHINA MACHINE PRESS

本书立足于华为的最新发展动态，内容涵盖华为供应链近30年的发展历程。作者在书中仔细梳理了华为供应链的变革历程、模式和方法，并通过细致的解剖、分析和总结，从追寻铁军的足迹，供应链的理论基础，华为从B2B到B2C的供应链成功要素，华为供应链的流程、IT与运营，华为供应链的模式、方法与工具，供应链的发展趋势以及向华为供应链学习七个方面，全面系统地阐述了华为供应链的业务管理体系及方法。

本书适合供应链从业人员、高校师生、企业管理者以及对华为和供应链感兴趣的广大读者阅读。

图书在版编目（CIP）数据

供应铁军：华为供应链的变革、模式和方法 / 袁建东著. —北京：机械工业出版社，2020.7（2024.10重印）
ISBN 978-7-111-66387-4

Ⅰ.①供… Ⅱ.①袁… Ⅲ.①通信企业-企业管理-供应链管理-经验-深圳 Ⅳ.①F632.765.3

中国版本图书馆CIP数据核字（2020）第157858号

机械工业出版社（北京市百万庄大街22号 邮政编码100037）
策划编辑：朱鹤楼　　责任编辑：朱鹤楼　蔡欣欣
责任校对：李　伟　　责任印制：常天培
北京机工印刷厂有限公司印刷
2024年10月第1版第9次印刷
169mm×239mm・17.75印张・217千字
标准书号：ISBN 978-7-111-66387-4
定价：69.00元

电话服务　　　　　　　　网络服务
客服电话：010-88361066　　机　工　官　网：www.cmpbook.com
　　　　　010-88379833　　机　工　官　博：weibo.com/cmp1952
　　　　　010-68326294　　金　书　网：www.golden-book.com
封底无防伪标均为盗版　　　机工教育服务网：www.cmpedu.com

推荐序1　钢铁就是这样炼成的

供应铁军

每次看华为年轻的"老干部"们写的东西，总能感受到他们澎湃的热血，感受到一种决不屈服的精神。"钢铁就是这样炼成的！"这句话一下子就在我的脑海中浮现出来。

风口浪尖上的华为已然成为不仅在中国，更是在全世界广为人知的标杆。但是，通过激情去理性地透视华为，却是一件更具价值且必须做的事！与袁建东先生的相识并不久，但是，一接触就能让人感受到"华为人"的锐感力。他连续多年奋战在华为的"生命运输线"上，以其亲身经历加之冷静的回忆与思考，使得本书有了特殊的"味道"。读此书时，似乎能够听到采购、搬运中的嘈杂和热闹，更能看到从粗犷到细致，从涓涓细流快速而有序地汇成海洋。华为当下所遭遇的最大风险，不是不能冲锋陷阵，不是将士不够勇敢，却是背后有人捅刀，弹药不济！而供应链是华为的生命线，它仍顽强地支撑着缺乏"制空权"的进击，前进！

是什么让这"生命运输线"成为屹立不倒、打不烂的"钢铁运输线"？"罗马不是一日建成的"。30多年的成长、经验、教训、进步、转型……太多太多。但是，当你了解了华为供应链管理演变的历程之后，就能惊喜地发现：这是一支从"小米加步枪"起步，快速迭代、经历多次脱胎换骨的蜕变后形成的强大"铁流"。这背后的艰辛、隐忍、淡定，不仅缘于华为人的意志坚韧，更是华为人对科学和管理技术的敬畏、尊重、学习、消化、创新和提升，体现了华为人在不断地批评与自我批评中百炼成钢的职业精神和奋斗精神。

作为长期从事管理研究的学者，能够看到来自管理实践第一线的作者实事求是的经验总结和对变革历程的描述是高兴的；看到对方法和工具的介绍和运用是赞许的；看到对理论的尊重和运用则更是惊喜的！正是华为干部们的这种优秀的职业素养和不屈的奋斗精神，通过科学的组织和流程设计，带领着用高效的华为模式组织起来的、用先进的IT技术和管理方法及工具武装起来的、被理想和愿景高度激发的勇士们，攻城拔寨，打赢了一场又一场战役。

本书逻辑严谨，结构清晰，文字流畅，准确地描述了华为供应链的过去，在描述中有反思和自己的见地；但是，又并不为过去所束缚，更可贵的是能够站在新的起点上展望未来。它在讲述华为模式及其建立高效流程时有变革，在讲述实用方法和工具的过程中有指导；最后还从"教练"的角度，用一系列的事例为导引，给学习者们以非常有益的提示和指导。

华为的成功有其特殊性，更有其普遍意义。关键在于认清其成功故事背后的科学规律和适用场景。本书不仅给从事供应链管理的从业者和学者以启示，也给更多关心企业管理的整体性和系统性的读者以启发。相信会有更多的读者会喜欢上这种风格的好书！

建东是一位专注、坚持、有定力的湖南人，有着放下铁饭碗，毅然闯天下的创业精神。在华为工作十余年，在华为企业文化的陶冶下，他有了一种冷静思考和激情同在的气质。据说，本书是他的"供应链三部曲"中的第一部，有点"总纲"的味道，而后两部则会更深入专业地剖析华为供应链。让我们翘首以待，在好好咀嚼本书，吃着这"碗里美食"的同时，期待着余下两部那诱人的"锅里美味"。

随着华为的日益开放、华为干部的日益年轻化和高素质化,近年来,著书立说的华为人越来越多,而且在"讲故事"时有了更多的冷静思考和抽象提炼,这实在是可喜可贺之事。当有更多的关于成功企业的先进管理经验上升为理论、方法和转变为工具之时,便是有更多的企业能够真正学习和普及、把握先进管理真谛之日!让我们相信专业的力量!

吴晓波
浙江大学社会科学学部主任、教授
2020 年 6 月 1 日,于浙江大学求是园

推荐序 2

供应铁军

关于供应链管理在国内的发展，如果要找一个代表的话，非华为莫属。在本书中，袁建东先生以亲历者的视角，分享了供应链管理在华为发展、壮大，直至成长为公司战略职能的历程。有好的产品加上好的供应链，企业才能建立真正的竞争优势。苹果证明了这点，华为也是。

对于华为，我有的只是尊敬，对于华为的供应链也是。这些年来，跟众多的读者一样，我看过很多关于华为供应链的文章，对华为的供应链及其发展历史有相当多的了解。但是，这些了解都是碎片化的。很高兴看到袁建东先生的这本书，让我从整体上更好地理解华为供应链，把那些零散的点连成线，可以说是受益匪浅。

在全球这么多的企业中，如果只选一个研究其供应链的发展历史，我会选择华为。我对华为供应链的兴趣，并不在于他们在做什么，以什么方式做，而在于他们为什么要这样做，如何一步步地完善组织、流程和信息系统，从支持电信网络设备的 B2B 供应链，发展到支持手机终端的 B2C 供应链，同时能够成功地支持 B2B 和 B2C 两种截然不同的业务。在全球的大型企业中，能同时在 B2B 和 B2C 领域成功的，华为是为数不多的一个，而在华为的发展过程中供应链功不可没。

华为供应链的成长过程，也是学习众多伟大的公司，导入供应链的种种最佳实践，先僵化，后固化，再优化，持续改进和再创造的过程。一种管理思想的原创很重要，但在传播、实施过程中的再创造，也不能忽视，甚至更重要。就拿集成供应链来说，当初华为导入IBM的管理思想时，这一思想在IBM等顶尖的企业并没有成熟；供应链的共同语言SCOR模型当时也是刚诞生，华为其实是全球最早的以SCOR模型为框架，构建集成供应链，完善集成供应链管理的企业之一。理解了华为的供应链，也就理解了集成供应链管理；理解了华为供应链的发展历程，也就理解了集成供应链的发展历程。

在国内，华为的供应链是众多企业的学习对象。不过我想说的是，华为的规模，华为所在的行业，华为所处的历史环境，都造就了华为供应链的独特性。华为不可复制，华为的供应链也是。我鼓励大家不要模仿华为的"是什么"，而是聚焦华为的"为什么"，去理解在供应链建设上，华为在特定的时段，为什么要采取特定的举措。30多年来，华为供应链的每一项举措，其实都是在解决企业发展到相应阶段的特定问题。那些让华为吃了很多苦、受了很多罪的问题，可能我们众多的企业还正在经历，或者即将经历。希望我们能受益于华为供应链的经验，少走弯路。

跟任何一项伟大的事业一样，华为供应链的成功背后，也经历过种种失败，不然他们为什么要投入那么多的资源，推动种种变革？别的大企业有过的问题，华为都有过，但这并不影响华为成为一个伟大的企业，一个值得我们去学习的企业。所以，不要停留在华为供应链的成功表面，而是要探究他们是怎么解决问题，走向成功的，这才是真正的向华为学习。人们都是通过学习经验而成长的，要么是自己的经验，自己摸索，学习曲线较长；要么是别人的经验，这样可以少交"学费"。相信这本书能帮助大家从华为的经验中学习，以及学习华为曾经学习过的企业，让我们变得更聪明。

还有，书中说是"供应铁军"，乍一看好像华为供应链的成功全靠组织措施，其实不是，企业大了，供应链的改进要更多地依赖流程和系统，特别是流程，而华为供应链清楚地意识到了这点。就如书中说到，终端业务供应链的构建，是从复制网络设备业务的供应链，到整个流程的重构，包括再造订单、计划、采购、制造和物流等关键流程；"经过半年左右的流程活动盘点和梳理，终端供应链完善了供应链五大领域中的各级流程近50个，组织编写流程文件、规范和指导书超过100份。"企业发展到了一定规模，供应链的改进就一定离不开流程优化。在流程优化和系统建设的基础上，配以组织力量，而不是一味地靠人的主观能动性，这正是华为供应链能取得持久成果的关键。

这本书可以说是个很大的案例。一家拥有千亿美元营收的企业，时间跨度30多年，从B2B发展到B2C，从国内到全球，华为供应链之博大可想而知，要在一个案例中阐述清楚，也是几乎不可能。作为华为供应链重要部门的部长，作者袁建东先生要管理那么大的团队，负责那么多的项目，我不能期望他利用业余时间，就能把这本书写得完美无缺。我也不建议读者以"这本书是否完美"这个尺度来评判这本书，而是聚焦"我是否学到一样新东西，是否对我的工作、我的企业有帮助。"就我个人来说，如果能真正学到一样新东西，那么我在这本书上花的时间就值得。对于本书来说，我学到的远不止一样两样新东西，希望广大读者有同感。

刘宝红
旅美供应链专家
畅销书作者
西斯国际执行总监
2020年5月18日于美国硅谷

自 序 改变的力量

供应铁军

时下，华为非常热，热到"全民上下学华为"。尤其是2019年5月16日美国"封锁"华为（以下简称"516事件"）以来，华为"硬抗"超级大国，其孤胆英雄般的行为令人敬佩。就连低调数十年的华为创始人任正非也一反常态，接连接受新闻媒体的采访，俨然成为"网红"，帮华为狠狠地宣传了一把。

种种迹象表明，华为的实力真是深不可测。研发部门、销售部门、人力资源部门、财务部门、流程与IT部门，以及因这次"516事件"站出来英雄救主的供应链部门，无一不是世界级的水平。

实际上，华为作为一家具有世界级影响力的科技企业，给当今企业带来了许多可借鉴的经验。业界学习华为的现象由来已久，但是大家普遍反映华为其实很难复制。第一难，在于学习者们对华为不了解。许多企业张口华为，闭口华为，其信息来源往往是关于华为的书。而市场上关于华为的书籍多得让人眼花缭乱，不少书籍的作者可能从来没有在华为公司工作过，缺乏实际体验，竟然也能堂而皇之地写出关于华为的大部头著作。第二难，在于学习者们对华为的核心成长逻辑不了解，不清楚华为的发展历程、变革逻辑，以及其背后的那些反映华为成长进步的真实故事。因此对华为的学习，要么浮于表面，要么过于神化。

要学习,必须先了解,而且要系统地了解。要了解华为的发展历程,必须还原其本来面目。从"516事件"到新冠肺炎疫情,供应链已经成为社会关注的热点,无论是供应链从业人士还是企业经营者,或者是高校供应链相关的学术研究人员,大家都希望通过对供应链领域的深入研究,有所作为。令人遗憾的是,相比于华为的研发和销售等领域,目前业界对供应链的叙述和总结却是少之又少。

世上还缺少一本真正描述华为供应链的书。在写本书之前,曾经有人问过我,华为的供应链水平究竟怎么样,究竟有没有所谓的秘笈。我可以明确地回答,华为没有秘笈,华为供应链也没有。用华为创始人任正非的话来说,华为有的是无生命的管理体系。作为第一批穿"美国鞋"(学习美国企业先进管理经验)的部门,华为供应链经历过最艰难的变革,也当过最平淡的幕后英雄,更在"516事件"中被严格检验过。如今的华为供应链已经完成升级改造,构筑起了强大的供应链能力体系,也打造了既有理论素养又有实战经验的人才梯队,称之为"供应铁军",毫不为过。

当然写书并非易事,幸而有很多帮助我的人。为我开阔思路的有北京大学的张建君教授,业界专家刘宝红先生、宫迅伟先生、王国文先生、邓斌先生、彭明浩先生、周书冬先生,以及本书的责任编辑朱鹤楼老师,限于篇幅,不能一一列出,敬请见谅。他们是我的良师益友,与他们相交,如饮醇酒,他们在我创作的过程中给予了许多有益的启示。

尤其是彭明浩先生和周书冬先生,他们不顾工作繁忙,在新冠肺炎疫情期间,多次远程交流和慰问,以牛顿和普希金为典范,激励我向伟大的人物学习,令我感动,让我坚定地完成了全书的编写。还有朱鹤楼老师,从与我最开始建立联系,到沟通书稿内容,再到最终定稿,整个过程中他以良好的职业素养和严谨的工作态度,对本书的创作过程进行规范和引导,让我少走了许多弯路。

本书分为七章。第一章,追寻铁军的足迹,复盘华为供应链的历次变革。第二章,供应链的理论基础,简明扼要地介绍供应链的基本理论、模型和方法。第三章,华为从B2B到B2C的供应链成功要素,第一次完整地介绍华为终端转型成功之路,并归纳出背后的供应链核心要素。第四章,华为供应链的流程、IT和运营,总结了流程、IT重整和再造的方法。第五章,华为供应链的模式、方法与工具,这是全书的精华部分,供应链能力体系的关键要点讲述集中在本章。第六章,供应链的发展趋势,在华为供应链的基础上,展望供应链未来的发展趋势和价值方向。第七章,向华为供应链学习,谈谈学习的方向和注意事项。导言"进击的巨人"和后记"前进的铁军",寓意华为供应链前进的步伐,永不停歇。

世界上最伟大的力量是改变的力量。这是第一本全面描述华为供应链的图书,希望本书的出版,能给大家提供些许帮助,带来些许启示,以及产生些许有益的影响。

本书是写给供应链从业者看的。经历过30多年的实践检验,华为供应链揭示的道理就是,供应链绝不是简单的"跟、盯、催",也不是"催、逼、压",供应链要以专业赢得尊重。专业的背后,是方法、工具和能力体系,也是职业化的人才队伍和管理团队。

本书也是写给企业经营者看的。也许他们经营的是中小微企业,正走在发展壮大的道路上;也许他们经营的企业曾经创造过辉煌,如今却在沼泽地中艰难地爬行。相信阅读本书可以带给他们启示,因为本书揭示的正是中国最有代表性的民营企业在供应链领域所进行的曲折的、坚定的、勇敢的且富有成就的管理实践。

本书也是写给那些研究华为和供应链的高校学者们看的。他们可以从学术的角度，理性而专业地对华为供应链进行分析研究，从中找出规律，进而帮助更多企业做出改变和取得进步。

当然，本书也希望给那些关心华为，关心供应链的读者们带来些许启发。

特别指出的是，华为供应链从无到有，从幼稚到成熟，从游击战到集团军作战，集结和驱动成百上千人的供应链团队，紧紧围绕客户需求的城墙口，持续进行饱和攻击，不断突破供应瓶颈，逐步形成一整套供应链管理的模式、方法和工具，从而成就了华为强大的供应链管理体系。本书对华为供应链进行了详细的叙述、分析和提炼，相信对于各行各业研究供应链、物流和生产的工作者们来说，这也是一本不可多得的参考书。

最后，向华为创始人任正非先生致敬，是他创立了华为公司，并引领无数英雄儿女将华为打造成一个世界级平台。也正因为如此，笔者才有机会与大家分享这段历程，分享这份感受，分享这份改变的力量。

袁建东

2020 年 6 月

目　录

推荐序1
推荐序2
自序　改变的力量

导　言　进击的巨人 ...001

第一章　复盘：追寻铁军的足迹 ...005

第一节　从"516事件"说起，危机时刻还得看供应链 ...006
第二节　数字里的华为供应链 ...012
第三节　搬家的故事 ...015
第四节　创立初始，走出混沌 ...021
第五节　烧不死的鸟是凤凰 ...029
第六节　螺旋式上升的供应链组织 ...044

第二章　揭幕：供应链的理论基础 ...051

第一节　供应链的起源和发展：从第二次世界大战时期的美军说起 ...052
第二节　供应链的定义、范围和模型 ...055
第三节　各行业的供应链比较 ...063
第四节　供应链的发展状况 ...064

第三章 03

转型：华为从 B2B 到 B2C 的供应链成功要素 ...071

第一节　B2B 到 B2C 之间的天然鸿沟 ...072
第二节　华为终端的快速崛起 ...078
第三节　铸就终端钢铁供应链 ...085

第四章 04

再造：华为供应链的流程、IT 与运营 ...099

第一节　华为的流程运营基础 ...102
第二节　供应链管理流程体系 ...110
第三节　供应链 IT 系统 ...119
第四节　供应链运营绩效管理 ...124

第五章 05

升级：华为供应链的模式、方法与工具 ...141

第一节　供应链运作模式 ...143
第二节　订单运作模式 ...153
第三节　计划运作模式 ...157
第四节　采购运作模式 ...186
第五节　制造运作模式 ...206
第六节　物流运作模式 ...218

第六章 06

展望：供应链的发展趋势 ...225

第一节　供应链的价值导向 ...227
第二节　供应链的发展方向 ...232
第三节　供应链的战略选择 ...239

第七章 取经：向华为供应链学习 ...245

第一节 华为供应链凭什么 ...247

第二节 走向成功的华为供应链 ...250

第三节 华为供应链不断前进 ...253

后 记 前进的铁军 ...256

附 录 附录A 华为公司2008—2017年销售业绩与利润趋势图 ...259

附录B 华为公司2008—2017年研发投入和研发投入占销售比趋势图 ...260

附录C 华为手机2010—2018年发货量 ...261

附录D 华为发展大事记 ...262

参考文献 ...265

导　言　进击的巨人

供应铁军

《经济学人》称它是"欧美跨国公司的灾难";

《时代》杂志称它是"所有电信产业巨头最危险的竞争对手";

爱立信全球总裁卫翰思说:"它是我们最尊敬的敌人";

思科CEO钱伯斯在回答《华尔街日报》记者提问的时候说:"25年前我就知道我们最强的对手一定来自中国。"

……

华为最近火了,火得一塌糊涂。华为原本是一家保持低调多年的民营企业,一夜之间出现"全民上下学华为"的情况,可谓前所未有。

为什么大家都如此好奇华为背后的故事,以及它的创始人任正非?因为这家神秘的中国企业仅用了短短30年的时间,就书写了令人艳羡的奇迹。当华为迈着大步,雄赳赳气昂昂地在国际市场上开疆拓土的时候,西方世界一片惊呼。

有人说,如今已经无法想象这个世界如果没有华为会怎么样。华为的通信基站遍布全球。如果没有华为,西伯利亚的居民的手机就收不到信号,攀登珠穆朗玛峰的勇士们就无法通过手机交流,遇险的登山客无法求救。据说,每天在空中飞行的华为人就有1000人以上,华为人的足迹遍布全球。

华为公司真的很硬气!

自 1987 年创立以来,在过去短短的 30 余年时间里,华为从深圳一个名不见经传的小作坊,凭借"七八条枪,十几号人"开始创业,成长为全球通信行业的领头羊。华为公司 2018 年年报显示,华为拥有在职员工近 19 万人,销售收入达到 7212 亿元。华为官网显示,30 多年来,华为和运营商一起建设了 1500 多张通信网络,帮助全世界超过 30 亿人实现连接,华为拥有全球联合创新中心 36 个,研究院/所/室 14 个。

华为凭什么能这么火?

第一,论规模。

2018 年年报显示,华为公司 2018 年全球销售收入 7212 亿元,年收入首次突破 1000 亿美元大关,超过国内部分省份的 GDP,相当于 BAT(百度、阿里巴巴、腾讯)营收之和,销售收入同比增长 19.5%,净利润 593 亿元,同比增长 25.1%。从主要业务来看,运营商业务方面,销售收入 2940 亿元,稳居世界第一;消费者业务方面,销售收入 3489 亿元,智能手机发货量 2.05 亿台,发货量位列世界第三;企业业务方面,销售收入 744 亿元,同比增长 23.8%。

第二,论品牌。

自 2010 年开始,华为连续十年上榜《财富》世界 500 强榜单,且排名逐年上升,2018 年排名第 72 位。连续上榜《福布斯》全球最具价值品牌 100 强榜单,中国仅此一家,2018 年排名 79 位。

第三,论销售。

华为是真正的全球化企业。自 2000 年开始,华为正式向海外扩张,客户已经覆盖170多个国家和地区。

第四，论产品。

华为是唯一一家横跨2B和2C业务的世界五百强企业，华为的三大业务组（Business Group，BG），涉及云管端等信息技术与通信技术（Information Communications Technology，ICT）全方位的产品。在电信领域，华为的电信运营商业务早在2016年就击败了爱立信，登顶全球第一。在手机产品领域，华为手机在国内市场已经一骑绝尘，市场占有率稳居第一。在全球市场，华为手机已经名列前三。

第五，论技术。

产品领先是华为注重研发的最直接结果。据不完全统计，华为拥有3万项专利技术，其中有四成是国际标准组织或欧美国家授权的专利，华为5G专利数量全球排名第一，占比达到20%。华为在100多家各种标准组织中担任了主席、副主席、董事、各子工作组组长、报告人、技术编辑等职务。

第六，论人才。

人才乃华为之本。截至2018年，华为拥有700多位数学家，800多位物理学家，120多位化学家，还有6000多位专门在做基础研究的专家，同时拥有6万多位工程师，就是这样一个研发系统，可以让华为快速抢占制高点，引领时代。

第七，论管理。

华为屡屡惊艳人们的眼球，不只是因为发展速度快、规模大，还因为创始人任正非开创的华为管理体系、管理理念和管理方法,包括战略管理、研发管理、人力资源管理、财务管理以及供应链管理等,无一不是世界一流水准。

华为已经成长为一家受人尊敬的大企业,2019年"516事件"以后,面对关键器件断供、软件禁用、协会被退等一系列狂风暴雨的打击,华为的供应链受命于危难之际,创造性地采取"备胎"计划,确保公司供应的连续性,关键时刻支撑华为屹立不倒。就这个意义来说,华为供应链完全担当得起铁军的称号。然而大家佩服之余,也产生了巨大的好奇心:华为的供应链是什么样的,是怎么成长起来的,究竟干了什么,能让华为公司如此强硬?

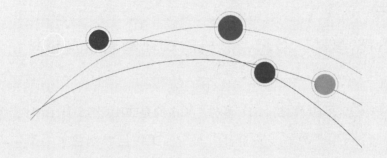

第一章

复盘：

追寻铁军的足迹

第一节
从"516事件"说起,危机时刻还得看供应链

事情要从2019年的"516事件"(指的是2019年5月16日,美国商务部发起的针对华为的制裁事件)说起,美国已经制裁华为半年多,华为依然还在。特朗普举美国之力试图"狙击华为",结果成了华为的最佳宣传员,特朗普的行为,不但没有打倒华为,反而还给华为做了一次免费广告。就像任正非说的,美国没想到我们消灭不了!其中一个重要原因是华为供应链很强大。

在大家的印象中,华为不是一家以供应链见长的公司,而是一家典型的研产销一体化公司。所谓研产销一体化公司,就是指公司具备自有品牌,同时具备生产和研发能力,掌握核心技术,可以实现价值链的有效整合,一般来说,公司的战略导向要么是客户导向,要么是产品和技术导向,供应链从来都是不起眼的配角。华为这些年强调以客户为中心,就是典型的客户导向。而华为以技术起家,早期坚持产品和技术导向,公司名称华为技术有限公司中的"技术"二字就旗帜鲜明地体现了这个导向。1998年以后,华为全面引入IBM先进管理经验,公司战略逐渐向客户导向转变,以客户为中心成为华为的核心文化之一。

在"516事件"中,华为被列入实体清单,首当其冲就是所谓的"断供"(这里专指华为被断供,即美国将华为引入实体清单,一些供应商不得不停止给华为供应原材料或配件),断的不是别的环节,断的就是供应链。华为供应链管理部门在危机时刻,力挽狂澜,让华为屹立不倒。华为被列入"实体清单"的消息发布后的不到一周,2019年5月21日,华为创始人任正非在华为总部接受新浪科技等媒体专访时表示,华为不会出现"极端断供"情况,我们已经做好了准备。两个月以后的7月22日,任正非在接受Yahoo财经专访时表示:"美国企业即便对华为'断供',华为也不会停产,华为完全有能力摆脱对美国核心部件的依赖。"让我们一起来回顾"516事件"的始末及华为的对策。

2019年5月16日,美国商务部工业和安全局(BIS)正式把华为列入"实体清单"。随后,事件逐步发酵。华为面临来自美国的全面封锁,涉及原材料、整机,以及物流。美国的技术公司、软件公司,甚至协会都参与进来,使得华为陷入重重危机。笔者简要整理出自2019年5月16日以来各类"断供"事件的时间表,如表1-1所示。

表1-1 华为"516事件"以来的各类"断供"事件时间表

类 别	事 件
原材料	5月16日,为华为提供元器件设备的32家美国企业对华为进行断供; 5月28日,据彭博社消息,向华为提供不同类型组件的英特尔(Intel)、高通(Qualcomm)、赛灵斯(Xilinx)、博通(Broadcom)已经向员工发出通知,暂停向华为供应产品
整机	5月16日,伟创力要求其在全球的所有工厂停止与华为的一切合作,其中伟创力设立于长沙的代工厂不仅停止生产和拒绝发货,而且拒绝归还华为拥有所有权的设备和物料

(续)

类　别	事　件
物流	5月19日和5月20日从东京出发寄给华为的两个包裹，原定于5月23日送达，却被送到了美国田纳西州的孟菲斯。5月17日从越南河内发出的另外两件包裹，原计划运往华为在我国香港地区和新加坡的办公室，但在5月21日抵达联邦快递（FedEx）站后被拦截，原因是"投递异常"
技术	5月22日，芯片设计公司Arm停止与华为合作，英国运营商下架华为Mate 20x
软件	5月19日，谷歌将华为手机从安卓更新中移除； 5月26日，据《南华早报》消息，在华为被列入美国"实体清单"后，微软效仿高通与谷歌的做法，目前已暂停与华为的合作，其在笔记本电脑上的Windows操作系统和相关服务均不再向华为提供； 6月7日，Facebook停止华为手机预装其应用程序
协会	5月26日，制定无线技术标准的Wi-Fi联盟和制定SD存储卡标准的SD协会均将华为移出会员名单，终止与华为的关系

面对突如其来的危机，华为没有退缩，而是采取积极措施，先从自救做起。得知被美国商务部列入"实体清单"的第一天，华为立即宣布全公司进入"战时状态"。随即，华为开始反击，开展"技术战""舆论战"和"供应战"，三大战役，互相配合，有条不紊地推进。

一、舆论战

华为向员工和供应商、合作伙伴发布公告，告知华为的对策，同时由创始人任正非公开露面，主动接受一系列采访，迅速稳定军心。

5月16日，华为连夜发布《致华为员工的一封信》和《致全球客户的一封信》，同时海思总裁何庭波发布《致海思全体同事的一封信》。

5月17日，任正非在接受日本媒体采访时说到，华为不是必须用美国芯片。

5月21日，任正非在接受央视记者采访时指出，我们要做好本职工作，守好本职岗位。

据不完全统计，"516事件"发生以后，华为创始人任正非一个月内面对媒体超过20次。在2019年，任正非接受的采访以及发表演讲、文章共40余次，相当于平均每个月要接受三四次采访。

二、技术战

在技术战中，拥有最多5G专利技术的华为，无疑成了5G时代标准的制定者，但就算华为已经有了自研高中低端麒麟手机芯片的能力，可以实现更低的成本，但华为还是坚持每年采购5000万套高通芯片，以此实现产业链的合作共赢。

5月21日下午，华为消费者业务CEO余承东透露："最快今年秋天，最晚明年春天，我们自己的OS（操作系统）将可能面世。"

8月9日，在华为全球开发者大会上，华为公司正式发布其基于微内核的面向全场景的分布式操作系统——鸿蒙。

三、供应战

所谓兔死狐悲，中兴事件（又称中兴危机事件，指的是2018年4月16日，美国商务部发布公告称，美国政府在未来7年禁止中兴向美国企业购买敏感产品）发生以后，华为清醒地认识到下一家被打击的公司可能是自己。自从2018年中兴事件以来，华为一直在积极地应对和做准备。2019年春节时，公司连续性工作组都在加班，"保安、清洁工、服务人员，春节期间我们有5000人都在加班，都在为供应做战斗，大家都在抢时间。"据说华为曾经测算过，一旦被美国列入"实体清单"，华为可以坚持多长时间。华为在公司内部成立了供应连续性工作组，由供应链管理部门的最高负责人担任组长，组织供应链和研发等领域的骨干力量进入工作组，目的就是解决"断供"所带来的问题。

我们可以清晰地看到华为至少完成了以下四个方面的积累。

第一是核心。打造核心能力。在这个时代，世界500强制造业企业不可能包办全部零部件的生产，因此，科学制订"自制或外包"（Make or Buy）决策，对公司具有重要战略意义。华为一方面将芯片设计等核心知识牢牢握在手中，另一方面也将非战略领域的工作外包出去，其中包括用代工工厂来生产零部件。在代工合作中，华为也坚持掌握模具等核心资产的所有权，这使得公司在某些合作无法继续时，可以迅速找到新的代工工厂并投入生产，保证零部件生产的稳定性。在制造业转型升级的道路上，需要有更多公司走上良性循环的发展道路，即：生产高附加值的产品→获得足够的利润率→给予物流和供应链必要的投入→获得来自供应链上的伙伴的高水平服务→持续提高产品竞争力。

第二是协同。强化产业链协同。企业要充分意识到物流和供应链的重要性，并确保必要的投入，和供应链合作伙伴一起成长，才能获得长期回报。作为世界顶级的制造型企业，必须要获得世界级的物流和供应链服务，才能在产品质量、客户服务水平等方面形成核心竞争力。如果只是利用"压缩物流成本"等简单粗暴的手段来降低经营支出，且一味压缩合作伙伴的生存空间，最终受损的将是企业自己。近年来华为持续建设产业链上下游协同机制，结合供应商优势资源，生产高质量产品，不搞低价同质竞争；加强与战略供应商的合作，共同创新，共同进步，推动创新资源、最新技术、最新产品优先在华为使用，实现共赢。基于此，华为已经与世界上最优秀的供应商、客户联合，形成强大的合作伙伴关系。

第三是储备。华为未雨绸缪，为降低供应连续性风险，从上到下发动全体员工，做了大量有针对性的准备工作。公司成立连续性工作组，全面审视华为各领域供应商名单，对关键物料和战略物料进行储备。以芯片为例，在"516事件"以前，泛网络（华为内部对运营商网络和企业网的合称）和终端储备了近一年的芯片和关键零部件库存。TP/LCD（TP为Touch Panel，触控面板，LCD为Liquid Crystal Display，液晶显示器，合起来就是触摸屏模组）按照新上市产品要求储备得更多。中兴事件之后，华为的核心元器件约有1～2年备货，此外部分合作代理商和战略合作伙伴也能提供一定的支持，所以产品出货仍有保障。

第四是备份。在华为内部又称备胎计划。最典型的就是华为海思半导体公司，华为曾假想过所有美国的先进芯片和技术不能使用，华为如何持续为客户服务。海思走上了科技史上最为悲壮的长征之路，为公司的生存打造"备胎"，其中包括具备AI运算能力的先进手机芯片。"516事件"后，海思已启动"备胎"转正计划，计划推出自主研发的操作系统。从2018年开始，华为积极与国内供应商建立合作关系，包括硬件、软件、平台等多个领域。

危机危机，危中有机，危机事件往往是企业蜕变的试金石。2019年的"516事件"以后，华为已经从一家受人尊敬的公司进入了伟大公司的行列。经过烈火淬炼，华为公司的供应链也进化为世界一流的供应链。

第二节

数字里的华为供应链

故事 松山湖里的华为速度——28.5秒生产一台手机

2019年1月3日,《深圳商报》记者受邀参观华为终端东莞松山湖基地,参观防护森严的智能化生产线。记者经过实地探访发现:从送料开始到包装出货,120米长的自动化生产线上,每隔28.5秒,就有一台华为智能手机下线。

生产车间位于华为东莞松山湖终端生产基地B区,记者直接走进正在生产的车间直面感受华为手机的生产过程。偌大的生产车间,整齐地排列着数十条的生产线,每一条生产线长约120米,自动化程度很高,作业人员很少,比如P20手机生产线只有17人。

华为生产线上采用的都是目前业界最高标准的设备,与此同时,华为也自主研发了大量生产自动化和智能化设备来保证手机的高质量。记者注意到,除了单板印刷、点胶机、机械手臂等少数设备,华为生产线上的大部分设备均为自主品牌。整个生产基地,全线采取智能化管理。生产组装环节采用人机结合的方式,大部分工作由机器完成。

华为制造部提倡"技师文化",鼓励生产线员工多想、多试,"从大处着眼,从小处着手"改进生产流程。记者看到华为每个生产车间都有一面墙的英雄榜,上面贴满因改进而获得奖励的员工照片。在员工获奖事迹里,有诸如"节约6600秒/线""每班次减少200次弯腰"的描述。

2010年,华为智能手机发货量还只有300万台,2018年变成了2亿台,8

年间增长了约66倍。华为手机的背后,除了研发和设计的竞争,还有来自生产线上的竞争:看得见的机械臂和数字化设备,精确地执行来自控制中心的指令;看不见的质量意识,深深植入生产的细节当中。

(来源:《深圳商报》2019年1月15日报道。)

2019年下半年,华为终端生产线的速度更上一层楼,达到惊人的每台20秒,这就是华为要做全球第一的信心来源。那么,华为供应链这个幕后英雄,究竟是什么样的?就让我们从数字方面来一个管中窥豹,看看真实的华为供应链。

一、供应链规模

2018年,华为泛网络销售规模400亿美元,供应链各领域员工约3000人;支撑终端发货500亿美元,其中手机发货数2.06亿台,发货规模位居世界第三名。华为已经建起全球交付的供应链网络,其中供应中心5个,采购中心5个,国家HUB仓6个。华为积极开展与物流承运商(Logistics Service Provider, LSP)的合作,并与超过1000家电信工程安装分包商合作。如图1-1所示。

图1-1 华为供应链概况

在供应商合作方面，可以参考 2018 年 11 月华为在深圳举行的核心供应商大会的数据。会上邀请了 150 家供应链企业到场，并对其中的 92 家进行了表彰。"516 事件"以后，华为的国产化进程日益加快，国内供应商应该会逐渐增加。

在制造领域，实施自制与外包相结合的战略。其中自制工厂主要分布在松山湖，拥有 SMT（表面组装技术）生产线约 200 条，自有生产员工数约 20000 人。同时华为积极与世界排名居于前列的 EMS（电子制造服务商，Electronic Manufacturing Services）工厂进行合作，包括富士康、比亚迪等。

二、供应链人员构成

随着企业对供应链管理越来越重视，企业对供应链人才的需求量也越来越大，要求也越来越高。华为也是如此，按照从业属性来看，供应链从业人员可以分为两部分：一部分是供应链一线作业人员，其余为专业技术人员。

华为一线作业人员，包含生产制造和物流仓库的操作人员，如负责装配/组装、物料供应、产品检验、产品维修等业务的员工。

华为供应链专业技术人员，包括采购、订单、计划及相关的流程运营人员，在内部一般都称为工程师。按其来源可以分为四部分：一部分是由研发和市场人员转型过来的；另外一部分是长期在供应链领域的从业人员；还有一部分是生产和物流一线的资深作业人员；最后一部分是以应届毕业生的身份入职的新员工。

近年来，为了满足整合供应链（Integrated Supply Chain，ISC）、智能制造项目的需要，供应链管理部门开始引进博士毕业生，专门研究新工艺、新材料和新技术，以及人工智能、大数据和区块链等。

第三节
搬家的故事

故事 别问我在哪里上班

在华为内部有个"国际惯例",就是员工离职时习惯上心声论坛发个帖子,纪念离职,这时很多人会送上祝福。

有个在供应链上班的同事离职,公司例行给他做了离职纪念册,里面包含他所在部门的活动留影和本人的关键历程。他看完感叹道,他来华为十五年,竟然在六七个地点工作过,从坂田基地、石岩南岗工业园、威新软件园,再到天明大厦,中间还有廊坊基地,最后一站是松山湖。

要回顾华为供应链的发展史,可以先来看看华为的搬迁史,包括办公场所和生产基地的搬迁。事实上,自成立起,随着业务的扩张,华为就一直在以深圳为中心不断向中国乃至全球扩张。华为的搬迁史,也是一部发展壮大的企业成长史。

在国内,华为有深圳的坂田基地和东莞的松山湖南方基地,加上全国各地的研究所和销售代表处,已经形成了两个总部基地加 11 个城市的研究所和多个代表处的宏大格局。这 11 个城市包括:深圳、上海、杭州、廊坊、南京、东莞、北京、成都、西安、武汉、苏州等。

北京研究所:北京研究所成立于 1995 年,业务范围包括 IP 研发、手机核心研发、高端研发。

上海研究所：上海研究所成立于 1996 年，包括无线网络设备、终端旗舰智能机、海思移动芯片产品以及新能源等业务。

南京研究所：成立于 1999 年，目前拥有 9000 余名员工，业务涉及电信软件研发、企业网络研发、IP 能力研发等。

西安研究所：西安研究所成立于 2000 年，经过近 20 年的持续发展，业务涵盖云计算、大数据、无线网络、固定网络、手机、手表、手环等领域。

成都研究所：成都研究所成立于 2000 年，无线、海思、中研相继搬迁到这里，存储研发、无线第二研发、传送研发等业务助力成都研究所腾飞式发展。

武汉研究所：武汉研究所成立于 2006 年，业务范围包括光能力研发与终端研发等。

杭州研究所：杭州研究所成立于 2005 年，以"打造计算研发中心，领航 ICT，建立更美好的全联接世界"为愿景。

苏州研究所：苏州研究所成立于 2012 年，致力于打造华为最贴近客户、最注重体验、最具开放创新精神、具备最强行业能力的研发基地，也是华为最年轻的研究所。

一、南油，任总在那里干过搬箱子的活儿

在华为早期，供应链留下来的故事并不多。任正非在 2019 年 9 月 23 日接受德国电视一台采访时，回忆过早年创业搬箱子的故事。

"公司成立初期，我们主要是做代理，帮别的公司卖机器，中间赚一点佣金，慢慢积累到有一二十个人。经常是送货的汽车到了，我们每个人都像搬运工一样，卸货、扛木箱，到仓库，客人要货时，我们再去仓库提货、装货。

"刚开始公司就一两个人，货物要运回来，没有钱租车，只能自己扛着一

包包的货物往公共汽车上搬。装卸货物时，我搬一包走20米放下来，再去搬另外一包，走20米……就这样倒腾着搬到公交车站，再扛到公共汽车上。售票员人很好，允许把货运到南山蛇口，再卸下来，20米、20米地倒腾回公司"。

1987年华为在深圳南山区南油A区16栋低调成立，这是一套不起眼的居民楼中的三居室，当时人不多，大家办公和生活都集中在此。随着业务的发展，华为开始往科技园搬迁，西乡则是华为早期的生产工厂，任正非称之为西乡军校，华为早期著名的产品C&C08（数字程控交换机型号）都是在西乡工厂投产发货。

二、坂田，没有MTS CBD名声大

华为所在地全称是深圳市龙岗区坂田街道马蹄山村，被华为员工戏称为MTS CBD，位于深圳市龙岗区坂田街道。马蹄山被誉为中国最著名的IT村落，在该村附近几公里的范围内，汇集了华为、新天下集团、富士康几家大型IT企业。

山村主要居住着华为、新天下、富士康等大型IT企业的员工，特别是刚来深圳的年轻员工，由于人生地不熟，也受经济条件限制，大都居住在此。居住在这里的人，除了少数的土著村民外，大都具有本科以上学历，其中不乏国内著名高校的博士、硕士研究生，以及一些海归人员，堪称中国学历水平最高的村落。

正是这些人的打拼，伴随着华为、新天下、富士康的成长，他们的个人成就和贡献也许不大，成就了中国IT的希望，但是一拨又一拨的人在这里奋斗，然后又从这里走出去，散布到整个深圳，甚至全国。

从 2000 年开始，华为搬入坂田基地。坂田基地是华为的办公总部和生产基地，占地 1.3 平方公里分为办公区和生产基地。由行政中心 A 区、华电 B 区、数据中心 C 区、研发中心 E 区和 F 区、生产中心 G 区、机加中心 K 区、培训中心 J 区，以及生活区百草园员工公寓等各具特色的建筑群组成。

2006 年年中，华为的生产基地大部分搬往南岗工业园。2009 年松山湖基地启用以后，南岗的生产线逐步迁往松山湖，后来坂田基地的研发中心、数据中心和培训中心等也陆续搬迁至松山湖。2017 年开始，坂田基地的 B 区和 K 区进行重新改造，被修建为新式办公楼和酒店。

另外，华为深圳坂田基地的百草园，正式名称是华为单身宿舍区。百草园作为华为坂田基地的生活区，设有门诊部、商业街、公共停车场等，百草园内的宿舍楼群也分外别致，而且还配备了电影院、健身室、医务室、图书室、游泳池、篮球场等。

三、南岗，华为在那里做过手机

华为供应链在 2006 年年中搬到宝安区石岩街道南岗工业园，员工戏称那是个"鸟不拉屎的地方"，位置确实很偏僻，华为刚搬来的时候，附近还没有通公交车，需要步行十分钟到塘头路口坐车。华为搬过来以后，配套设施才慢慢齐全起来。2012 年，华为把生产线全部集中到了南岗，包括泛网络和终端产品。

终端（公司）刚开始做的是固定台、机顶盒以及 PHS 小灵通手机，都是跟运营商合作，属于贴牌产品。那段时间，终端很难招人，原因很简单：一是没品牌，二是办公地点位置偏远。

终端供应链（管理部门）招人难，做手机就更难了。刚开始终端供应链设有三个生产车间，一个是固定台，一个是试制，还有一个是手机，其余产品都是 EMS（外包制造商）生产。

各种压力，各种危机……终端供应链就是这样在艰难曲折中前进。

从 2007 年开始，华为连续四年成为数据卡市场的领军企业，市场份额超过 55%。数据卡的发货量大增，使得终端销售规模快速增长，帮助终端确立了行业地位。

2009 年，终端供应链在南岗的生产车间被撤掉，不久，终端供应链全部搬到南山的威新软件园办公，泛网络（指的是除终端以外的运营商网络和企业业务等部门）供应链也搬迁至松山湖，华为供应链南岗时代宣告结束。

华为终端公司成立于 2003 年年底，当时名称为手机业务部，就此开启了艰难的创业。2004 年开始，终端在科技园 7 号楼进行生产，同时启用下雪工业园作为仓库。此后终端发展壮大，开启了频繁的搬迁之路。2006 年年中，华为终端整体搬迁至石岩南岗工业园，同时搬迁的还有运营商网络的部分生产车间。四年之后，华为搬迁至威新软件园。2012 年 9 月，华为终端又搬迁至科技园北区的天明大厦。2016 年年中，华为终端公司与坂田正在改造的 K 区和 B 区部分部门一同搬迁至天安云谷。至此，在深圳，除坂田以外，再无华为的集中办公区域。

四、松山湖时代，争当中场发动机

2009 年，东莞松山湖的南方工厂开始启用，到 2012 年，泛网络供应链、采购和制造等部门全部搬入松山湖。松山湖地域开阔，颇有地广人稀路宽，天高云淡树多的感觉。员工的业余活动开始多起来，供应链的各种兴趣小组都如雨后春笋般成立起来了。其中订单和计划（指订单和计划两个部门）的员工们很喜欢踢足球。

刚好有一段时间，华为供应链的订单和计划吵得很凶，大家都想拥有供应链的主导权，争吵的内容包括谁主导对客户的接口，谁对销售一线的需求负责，谁对制造产出负责，等等。

有一天，大家在球场上又吵起来了，供应链一位领导恰好也参加了这场足球比赛，忽然领悟道："咱们供应链与足球队不是很像吗？"足球场上是赢球，供应链则是保障交付，关键都在于确定目标，找准位置，然后大家各司其职。足球赛后，这位领导就组织各部门讨论，如果把供应链比作一个足球队，那么各环节都好比足球队伍的各个角色，订单就是前锋，负责的是接口客户，管理客户交付需求；计划相当于中场，负责统筹、控制和调度，组织后卫传球，为前锋输送炮弹；采购和物流是后卫，做好物料采购和成品运输的后勤保障。

搞清楚定位和分工以后，供应链的配合更为顺畅、运作水平不断提升，就连供应链足球队的球技也突飞猛进，当然这是后话。

2009 年，华为重新改造坂田生产基地，将生产线全部搬迁至松山湖，南岗的部分生产线，也陆续搬入松山湖，使得松山湖成为华为的南方工厂。2018 年 7 月华为松山湖欧洲小镇开始启用，开启了华为的松山湖时代。

要说华为的松山湖欧洲小镇，还要从华为南方工厂说起。实际上，华为布局松山湖已有多年，位于北部片区的南方工厂一期（内部称为 B 区）在 2009 年便正式投产，而占地 1100 亩的二期工厂（内部称为 C 区和 D 区）也在 2018 年下半年投入使用，整体项目包括办公楼、数据中心和员工食堂，占地面积约为 15 万平方米。其中主办公楼高 97.8 米，共 21 层，可容纳 3000 人办公，外墙全部安装深蓝色玻璃幕墙，显得典雅别致。松山湖欧洲小镇建成以后，华为 C 区、D 区连同早前投产的 B 区在内约有 3000 米长，中间则被迎宾路一分为二，厂区内绿树成荫，是一座花园式厂房。

第四节
创立初始，走出混沌

"想想我们小作坊的BH03，想想将在龙岗落成的世界一流的交换机工厂；想想物料采购因货款收不回来，付不出去款的窘相，看看我们已甩开膀子实行国际采购；公司管理从没有规范，到有了初步的生产管理规模，正在进行业务流程重整。过去的历史给予我们十分有益的教育；相信我们永远不会忘记艰苦创业的日子，忘记过去就意味着背叛。"

（节选自《目前我们的形势和任务》，任正非在1995年总结大会上的讲话，1995年12月26日）

一、供应链业务概况

1987年到1998年，是华为的创立和生存阶段，这个时期的主要任务是活下去。当时站在电信世界舞台中央的是摩托罗拉、思科、爱立信、北电等国外的老牌通信巨头，他们以强大的产品供货能力牢牢占据着中国市场。华为以新兵姿态跻身电信设备制造商的行列，在华为内部一度产生过一种观点，华为作为后来者，应尽快争取产品低成本的竞争优势，而创始人任正非作为主要决策者则认为，必须尽快优化生产管理、质量控制和物流体系，拉近与那些老牌通信巨头的距离。华为的供应链体系起点很高，一开始对准的标杆就是电信领域的世界一流公司。

总的来说，早期华为供应链业务处于功能建设阶段，还只能称为生产系统。当时的供应链业务分散在各部门,还未设立完整的供应链管理部门,属于研发和市场之外的第三股势力。而生产系统面临的问题是如何支撑公司发展,同时练好基本功,探索管理方法,走出混沌。用任正非的话说就是:"生产系统目前的管理还处在一个很不成熟的状态,在这一点上我认为,生产系统下一阶段最重要的工作就是不断苦练基本功,从上到下每一个员工都要苦练基本功。"

1993年年初,华为在西门子公司相关技术人员的帮助下,重新设计了整体生产流程。华为希望通过内部统一的物流体系,保障完善的质量控制和生产管理,并减少物料流通环节,缩短生产周期,以全面提高华为的产品供货能力。不久,华为又大力推行ISO9000并引入MRP Ⅱ(制造资源计划),全面建立规范的管理体系。从创立初始,华为就引入一种逆流而上、敢于挑战的思维方式,为后续进行全面管理变革奠定了坚实的思想基础。

二、供应链关键业务

公司组织改造从市场部中层开始,已经延伸到生产系统。要加强各部门的团结,把生产搞好,按计划进度出产品,把产品质量平均无故障率提高到2000天。

要坚定不移地贯彻ISO9000质量管理体系,规范生产行为。现代化的生产组织绝不能停留在师傅带徒弟的模式上。在座的人,大多学生出身,没有大规模生产的经验,是华为的蓬勃发展将大家带到了这个岗位,你们千万别骄傲自满,要像海绵一样吸取别人的经验,使您自己跟上历史行进的步伐。公司鼓励和奖励合理化提案,厉行增产节约,今年的生产速度要加快,怎样不断地提高产品质量,巩固我们的市场,生产系统的干部们任重而道远。

(节选自《不前进就免职》,1995年,任正非在生产系统干部就职仪式上的讲话)

华为对生产管理,以及对供应链的管理有一个逐渐深入、逐渐提升的过程,很早就有高目标追求,具备了国际化视野。其发展的基本路径是:从认为生产是研发和市场的支撑部门,重点强调产能指标到重视质量建设,单独建设品质部门,全面推行ISO9000质量管理体系,并且重视计划体系,改造MRP Ⅱ;再到1997年向日本人学习并引入精益生产方式,强调技术一体化和管理一体化,具备供应链的思想,并提出用两到三年时间建设世界一流的工厂。

(一)生产管理

从1994年开始,华为发力国内市场,开始重视生产对研发和市场的支撑作用。有一段时间中研、中试、生产、用服等部门技术的分散及其协同不一致,导致各自为政,内耗比较严重。为改变这种状况,华为在内部强调技术一体化,推行管理一体化的建设,要求中研、中试、生产、用服等部门都要和一线结合起来,保障市场规模的增长。显然,这段时间华为的内部协同正在磨合。

1994—1997年这段时间生产管理的关键词是抓产能。1994年平均月产交换机的产能为200万线,到了1997年,生产能力提高到月产400万线,实现产能翻番,同时生产系统人均产值达到500万元,效益大大提升。也正是1997年,华为对生产管理系统实施全面改革,在利用共同资源上,建立统一的分专业的加工中心等,如板件加工中心、机架加工中心等,其中板件加工中心将采购、元器件库、机械生产线、测试线融为一体;机架加工中心用招标的方式引进全套先进生产设备,打造以机柜为主的机加、塑胶、加工及外协组织管理的中心,为华为所有的产品服务,避免低水平的重复建设。同时按产品分类建立产品加工部,集总装总测、半成品库为一体,这样就打通了生产加工系统。

在生产人才培养方面,当时华为已经要求生产总部的服务机构在专业化、职能化分工的基础上,要加强高中级管理人员的储备与考核,为跨国经营做准备。1996 年,任正非已经前瞻性地意识到华为正面临从小公司向大公司成长的关口,决定用两到三年的时间建立世界一流的生产工厂,这个世界一流主要指的是管理一流、工艺及设备一流、建筑群体一流,这就是后来坂田的华为生产基地。

(二) 质量管理

几年的时间匆匆而过,华为从一个小公司逐渐成长为一家有实力的公司,有更多机会为市场提供良好的服务,售后服务的成本也在降低。在当前市场内忧外患、不正当的竞争几乎把国内厂家逼到濒临破产的状况下,我们一定要坚持提升技术的先进性,提高产品的可靠性,建立良好的售后服务体系。在当前市场对产品良莠不分的情况下,我们承受了较大的价格压力,但我们真诚为用户服务,一定会让用户理解并认为我们的产品物有所值,逐步地缓解我们的困难。

(节选自《胜利祝酒词》,1994 年 6 月 5 日,华为总部与全国 27 个办事处同时举行 5 月销售额突破 12 万线的庆祝酒会,任正非在酒会上致祝酒词)

华为从创立开始就把质量放在非常高的位置,任正非的多次讲话要求各级管理者重视生产质量,提出华为生存下去的唯一出路是提高质量、降低成本、改善服务。任总关于质量的要求后来被不断阐发和完善,逐渐形成全面质量管理的要求。

1994 年,华为生产系统提出生产无故障率的目标:要加强各部门的团结,要加强协作者之间的团结,把生产搞好,按计划进度出产品,把产品质量平均无故障率提高到 2000 天。

为全面提升质量水平，华为从生产现场的产品质量管理，升级到全面推行标准化建设。也是在 1994 年，华为成立 ISO9000 办公室，围绕一个总的质量目标共同努力，对 ISO9000 进行了初步贯彻和执行。华为的生产管理从"师傅带徒弟"的原始管理方法中觉醒，开始推行"一切按文件办事，一切按程序办事"的 ISO9000 质量管理体系和相应的国际化大生产模式，逐渐蜕变为现代化的生产组织。随后的 1996 年，华为通过 ISO9001 和 ISO9002 认证体系，公司建立起完整的生产管理和质量保证体系，获得了两家国际权威机构 DNV 和 SQCC 的 ISO9001 认证。ISO9001 是涵盖设计、开发、生产、安装和服务的质量保证模式，保证公司从设计到质量管理这一方针的实施，它也是我们与其他国家和伙伴建立合作机构的质量保证基础。

在质量管理方面，华为走过两大阶段。第一阶段，非常重视品管，给品管很高的地位。但是由于没有建立完善的流程管理和规章制度，很多工作没有规范化，造成生产部与品管部的关系没有理清、理顺，甚至越理越乱，最后导致协调不畅。没有办法协调，生产部和品管部又重新整合。第二阶段，经过 ISO9000 标准体系的贯彻和执行，逐渐认识到品管部门应该作为支持制造系统的支柱，其进一步专业化的必要性已经客观存在且确定分两步走来完成，第一步，品管部门从制造系统独立出来，先把产品制造和售后服务跟踪好；第二步，逐步延伸品管部门的工作内容，逐渐覆盖全公司，要抓好两头检验，控制中间的生产流程，建立产品的长期跟踪体系。

（三）计划

ISC（集成供应链）变革之前，华为的计划（职能）已经逐步建起来，分散在各个部门，如市场计划职能就在市场部门，生产计划职能就在生产系统。到 1995 年，市场计划部门牵头建立公司要货计划评审会制度，算是 S&OP（销售与运作计划）的源头。

当时由市场计划部门组织，市场、生产和采购等部门参加的要货计划评审会，会议主要内容是审视市场计划的变动情况和合理性，生产和采购等后端部门根据市场需求及其变动情况制订新的生产策略和物料采购需求。最初的评审会可以涵盖全部产品，公司相关的高层领导参加。后来华为的业务范围越来越广，到了 1997 年时开始分产品会开评审，评审会的会议议程、模板开始走向规范。

在计划流程与 IT 方面，1996 年，华为生产系统开始进行流程重组，并引进 MRP Ⅱ，即制造资源计划，计划职能得到前所未有的强化，计划相关部门开始受到公司的重视。

（四）采购

在华为成立初期，任正非就认识到采购工作的重要性，最初把采购和财务放在一起，建立财经采购系统，将采购定位为公司的前大门。

1995 年，华为采购部门对库存提出管理要求：对市场长线物资实行无库存或少库存供应管理，充分利用社会库存，减少人力、物力的耗费和资金占用；同时要积极开展清仓查库工作，合理确定储备定额，不断完善存货的管理与牵制制度，积极处理超储积压物资，把"死物"变成"活钱"，推动资源的合理流动；要强化在产品和产成品的管理，积极开展压库促销，使公司的在产品和产成品资金控制在科学合理的限额之内。公司对采购也提出要求：要强化采购资金管理；加强非产品物资的采购与使用管理，减少流失与浪费；要择优、择廉、择近采购物资，压缩采购成本，节约采购费用，把好公司生产经营的前大门。

1995年年底，华为进一步要求采购实行国际化和一体化，物料采购工作要向国际化大公司看齐；要立足高起点、高水平，采用"请进来，走出去"的办法，大胆吸纳国内著名公司的优秀人才，充实到采购部门；不断将新思想、新方法融入我们的管理体系，解放思想，大胆工作，探索新思路，建立一个开放式的、勇于承担责任的、具有开拓创新精神的领导班子。华为采购开始推行集中认证、分散采购、流动操作的工作方法，使采购工作更加开放，更加适应产业扩张的需要。同时优化组织结构，规范认证流程，建立物料采购综合成本控制目标和实施计划，与供应商建立长期、稳定的伙伴式合作关系，拓展业务领域。华为采购开始构建客户、供应商、华为人一体的利益共同体，并充分利用香港特别行政区的国际商业中心的优势，让其在公司下一步战略发展及国际化接轨过程中发挥窗口作用。

此后的两三年，华为继续深化采购认证、滚动采购、进出口专业分工与协作。一方面加大对库存的控制力度，另一方面建立起集中统一的采购认证制度，认证工作从过去的单纯商务谈判逐步形成对供应商的全面管理，逐步把滚动采购与计划分散到事业部去。华为采购逐步形成集中认证、分散采购的模式，采购作业开始走向职能化、专业化，也锻炼出了一批专业的采购专家和干部。

三、供应链的组织架构

20世纪90年代，华为的供应链业务处于萌芽和建设阶段。具有里程碑意义的事件是成立公司级的生产系统，生产系统包含生产总部、物料部和进出口部。其中生产总部后来演变为公司制造部；物料部分为物料采购部、行政采购部和物料认证部，后续演变为采购认证部，而物料采购部后来被划入计划部门；进出口部当时层级比较高，按照职能分为进出口项目处、单证项目处和出口项目处,进出口部后续演变为供应链物流部的国际运输和进出口部。如图1-2所示。

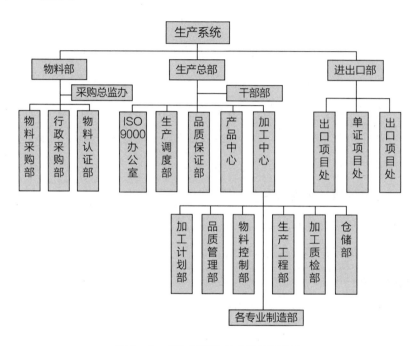

图1-2 华为早期的供应链组织架构

截至1995年年底,华为有员工1750人,其中1400多人拥有本科及以上学历,有800多名博士、硕士。研究开发人员占总人数的40%,市场营销人员占比为33%,生产人员占比为15%,管理人员占比为12%,其中生产指的就是供应链领域。在1998年华为启动扩招高校毕业生之前,华为内部的人员结构基本保持这种水平。

组织架构中关键职位说明:

职位名称: 生产系统总裁

主要任务: 生产系统总裁统率所属部门,在公司总裁的指挥下,综合管理本公司产品制造及劳务提供的一切事务。其主要分项任务如下:

a）依据销售预测及营销计划拟订生产计划；

b）督促所属部门拟订厂房、设备、机器、物料采购、生产管理、品质管理、物料管理、库存、维护等有关供应产品及劳务的作业方案；

c）拟订生产系统的组织结构及人员配置变动方案；

d）在公司总裁授权下，培养各类采购、生产专业人才；

e）指挥及支援本系统各部门主管及其部属完成指定工作任务；

f）主持生产系统会议，协调各部门之间的冲突；

g）出席公司的决策及协调会议；

h）评核本系统各部门主管的工作表现，并作必要的目标修订及人员改派；

i）其他由公司总裁指定及自行发展的工作。

工作关系：

向上关系：直属公司总裁，向公司总裁负责；

平行关系：与市场系统、研究开发系统维持密切的联动关系；与其他各系统维持必要的支援关系；

向下关系：统率物料部、进出口部、生产总部。

第五节
烧不死的鸟是凤凰

凤凰，是传说中人世间幸福的使者，在其生命即将结束之时，便会投身于熊熊烈火之中自焚，如能重生，则其羽毛更华丽，其声音更清亮，其神态更威严,这就是"凤凰涅槃,浴火重生"的传说。

在华为,任正非始终鼓励员工们奋发向上,不要安于现状,应该在有限的职业生涯中敢于挑战自我,在困境中不断提升自己的工作能力;做人做事,要正确对待压力和挫折,努力做一只浴火重生的凤凰,"烧不死的鸟是凤凰",另一句类似的话是"从泥坑中爬起来的是圣人",可以说是对华为老员工毛生江的描述,其在华为的任职经历如下。

1992年加入开发部08A型机项目组,后任项目组经理;

1993年5月,任开发部副经理、副总工程师;

1993年11月,任生产总部总经理;

1995年11月,调任市场部代总裁;

1996年1月,在市场部集体大辞职中被免去代总裁职务;

1997年1月,任"华为通信"副总裁;

1998年7月,又降职调任山东代表处代表;

2000年1月18日,任公司执行副总裁;

后来担任"华为海洋"首席运营官。

毛生江是华为持续变革的代表性人物,在华为内部,任正非曾多次分享毛生江的故事并告诫员工,要能经受得住挫折和来自管理变革的阵痛。

经历凤凰涅槃般的变革和发展,华为获得了重生。华为供应链业务的发展也是如此。回顾整个集成供应链(ISC)的变革历程,就是一个由小米加步枪到流程化、专业化和职业化的过程,可以归纳为三个主要阶段。如图1-3所示。

第一章　复盘：追寻铁军的足迹

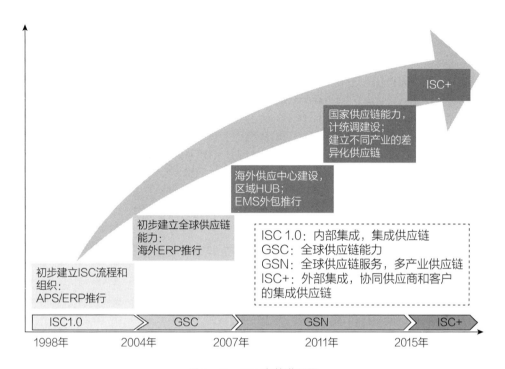

图1-3　ISC变革进程图

第一阶段，1998—2004年，内部能力集成，提供优质低成本服务。

华为启动ISC（集成供应链）变革项目，聚焦构建供应链内部的计划、采购、订单、制造和物流等核心基础能力；开展供应链与研发、销售、服务交付等领域流程的集成变革。

第二阶段，2005—2014年，布局全球供应网络，贴近客户快速响应。

随着华为的业务由国内市场向全球市场拓展，服务的客户也从全球运营商扩展到全球各类企业、行业客户，再到全球亿万个人消费者客户，华为也开始布局全球供应网络，打造全球物流生态，以贴近客户服务，快速响应客户需求。

第二阶段可以进一步细分：

2005—2007年，为支持海外发展，开展全球供应链建设工作（GSC，

Globle Supply Chain）。

2008—2010年，打通整个供应链，建立海外供应中心和区域HUB。

2011—2014年，为支持多产业发展，升级供应链和采购的流程及IT系统。

第三阶段，2015—2020年，ISC+变革。

启动ISC+变革，聚焦客户体验，由被动响应向主动服务转身；对外加强协同能力建设，对内通过数字化创新，为客户创造价值。在ISC+变革中，智慧物流与数字化仓储项目是重中之重。

一、供应链发展分水岭：ISC变革

集成供应链（ISC，Integrated Supply Chain）是由相互间提供原材料、零部件、产品和服务的供应商、生产厂家、分销商、零售商和客户组成的网络。通过对供应链的信息流、实物流和资金流进行重新设计、规划和控制，来保证在正确的时间，把正确的产品和服务发到正确的地点，从而提高客户满意度，进而缩小供应链总成本。

1997年，任正非开始意识到供应链的重要性，他说："（集成供应链，ISC）解决了，公司的管理问题基本上就解决了。"企业之间的竞争其实也是供应链之间的竞争，影响竞争获胜的重要因素之一就是降低成本，而公司产品的成本不仅是生产成本的体现，也是供应链在公司以外环节的成本与效率的体现，降低成本最核心的就是要重整供应链。

华为供应链的变革，要追溯到1998年，那一年公司全面引进了IBM管理模式。1998年8月，华为与IBM公司合作启动了"IT策略与规划"（IT S&P）项目，开始规划华为未来3~5年需要开展的业务变革和IT项目，包括IPD（Integrated Product Development，集成产品开发）、ISC（Integrated Supply

Chain，集成供应链）、IT 系统重整、财务四统一等 8 个项目，IPD 和 ISC 是其中的重点。华为供应链这支以小米加步枪起家的"游击队"，终于见识到了当时供应链领域世界上最先进的集团军作战用的先进武器。

ISC 与 IPD 作为华为六大领域的核心，在华为变革进程中起到了举足轻重的作用。可以说，ISC 变革作为一条主线，贯穿华为供应链发展的全过程，正是这只看不见的手，使得华为供应链的组织变革无往不胜。ISC 作为一套现代化、科学化的管理制度，规范了华为供应链的行与止，放与禁，使得华为的供应链原野辽阔有界。基于 ISC 变革，华为供应链以客户需求为导向，构筑流程框架，实现了高效的流程化运作，确保端到端的优质交付，实现了低成本的全过程运作。

（一）变革前的状况

故事　两双皮鞋

1997 年发生了华为供应链著名的"两双皮鞋"的故事。

当时由于预测的准确性比较差，生产计划很难做准，如果仅仅从供应链内部进行优化很难解决问题。在这种情况下，任总给做计划的两位同事一人一双皮鞋，目的是让他们"走工农兵相结合的道路"，意思就是让他们走到前线去，自己好好琢磨怎么样把计划做准、解决问题。这在华为内部也是一个很有意思的故事。

（资料来源：于东海，2015）

在 ISC 变革之前，华为内部已经感受到供应链在支撑公司业务上显得越来越吃力。由于公司从预测、计划到生产整条线没有理顺，使公司当时的及时齐套发货率非常低，只有 20%～30%，存货周转率一年两次。计划和采购之间的矛盾也非常突出：计划质量不高；采购不能满足需求；采购方式单一。

由于业务发展速度很快，订单的质量不高，大量订单发生更改，导致很多订单交付不及时，生产和采购也难以匹配，还经常发错货。当时公司为此专门成立了"发正确的货小组"，由公司的一位副总裁担任组长，领导供应链的同事进行一些内部优化，建立了一些制度，开发了系列 IT 工具，但都是一些浅层次的改革，没有涉及流程和业务模式的变革。

（二）主要问题和痛点

IBM 顾问对华为公司面临的主要问题进行了系统的分析和诊断，给出了具体改进方向。1999 年，华为高层管理人员组成了变革指导委员会，制造、采购、计划、市场等部门都派出负责人担任各小组的组长或副组长，同时由 IBM 派出供应链专家担任顾问，ISC 变革项目正式拉开序幕。

IBM 项目组进入华为以后迅速展示出强大的专业能力。1999 年，经过 IBM 项目组的访谈和调查，发现和总结了华为供应链的 78 个问题，这 78 个问题可归结为流程、IT 系统、组织三个方面。流程上，前场签署合同的承诺与后场的生产交付能力不匹配，订单履行周期过长，订单无法保证按承诺执行，造成客户投诉率居高不下；供应商实力参差不齐，供应的产品质量难以保证，采购成本居高不下；信息不对称，造成订单、采购、生产、库存、物流不匹配，影响按时交付。IT 系统上，基础数据不标准，准确度不高，形成信息孤岛，难以跟踪订单进展；组织上，组织复杂，部门间缺乏沟通与合作，效率低下。

通过考察，IBM 顾问指出，华为的供应链管理效率较低，还有很大的提升空间。华为的供应链管理水平与业内先进公司相比存在较大的差距：华为的订单及时交货率只有 50%，而国际上领先的电信设备制造商的平均水平为

94%；华为的库存周转率只有 3.6 次/年，而国际平均水平为 9.4 次/年；华为的订单履行周期为 20～25 天，而国际平均水平为 10 天左右。

（三）变革目标

ISC 变革的基本理念就是，企业之间的竞争其实是供应链之间的竞争。ISC 要求把公司运作的每个环节都看成是供应链上的一部分，不管是在公司内部，还是在公司的合作伙伴那里，都需要对每个环节进行有效管理，以提高供应链运作效率和经济效益。

华为在 ISC 实施时，正值 20 世纪 90 年代末，当时市场领先的跨国企业 CISCO、IBM、HP 也正在实施自己的 ISC 项目。可以说，在业界没有可模仿的标杆和可借鉴的实施经验的情况下，华为和 IBM 顾问共同设计了华为的集成供应链管理模型，设立三大目标：

第一，建立以客户为中心的集成供应链；
第二，建立成本最低的集成供应链；
第三，提高供应链的灵活性和快速反应能力。

最终确定从流程、组织和 IT 系统等三个方面，建立起华为的集成供应链体系，打通销售与生产的，重整计划体系，端到端打通订单和物流交付。新的华为供应链体系目标是质量好、成本低、服务好、快速响应客户需求，既能满足国内市场需求，又能满足向海外拓展的业务需求。

（四）变革方案

集成供应链变革深入落实华为的变革理念。一是从上至下的变革。华为高层管理团队组建变革指导委员会，直接承担变革项目的设计、落地和推行，同时供应链相关部门的负责人直接参与到变革项目中来，让最懂业务的人参与设计，保证体系可执行。二是组织与信息系统同步变革。集成供应链变革不只是流程变革，而是从组织、流程到 IT 系统支撑的统一变革，整合整个供应链的信息流、物流、资金流和人员，保障变革的落地。

结合华为的实际情况，IBM 顾问与华为讨论出了 ISC 变革的方案，那就是：在方法上从流程切入，让业务来驱动变革；从组织变革着手，破除变革阻力；以预测和计划作为龙头，带动其他环节进行变革；从国内开始，逐步扩展到海外，由内而外进行变革。

1. 基于 SCOR 模型（供应链运作参考模型）重新设计集成供应链流程

在项目前期，IBM 顾问通过对业务部门及各级领导访谈，发现供应链存在流程问题、组织问题以及 IT 问题等，就此结合 SCOR 模型进行了流程设计和 IT 系统的设计，使华为供应链在流程上有了一定的基础。

根据 SCOR 模型，华为重新设计五大流程：销售流程、计划流程、采购流程、生产流程和交付流程，理清每个流程的角色和职责，并建立关键绩效指标以评估效果。

2. 实施供应链组织结构变革

基于 ISC 流程再造的要求，按照 IBM 专家的建议，华为对公司的组织机构进行了相应的调整，把原来的生产部、计划部、采购部、进出口部、认证部、外协合作部、发货部、仓储部合并重组，成立计划、制造、质量、采购、物流、订单履行等部门。

在公司层面成立一个统一管理供应链业务的部门，叫作"供应链管理部"，由公司的高级副总裁担任部门负责人。这个部门的设置，绝不是简单地把分散在不同系统的部门合并起来，或者换一个名称，而是把供应链管理构建成一个管理体系，作为公司降低成本、库存，提高供货质量、资金周转率、供货速度以及工程质量的管理平台。

3. 改造供应链IT系统

ISC要求流程和IT同步实施,将华为原有分段作业的IT系统改造为集成的供应链IT系统,将原有的MRP Ⅱ升级到企业资源计划ERP,采购上线I-procurement(电子采购)模块以及B2C的SCC(Supply Chain Collaboration)软件平台。

在ISC的变革进程中,华为成为国内第一批引入APS(高级计划与排程系统)的公司,计划IT系统取得了长足进展,同时联合销售改造了客户关系管理模块CRM等,来支撑端到端的供应链交付服务。

4. 打通供应链与销售的计划体系

销售预测与运作计划是一体的,因此将两者集成起来才能更好地运营,华为深刻地认识到了这一点。集成的表现是销售部门、生产部门、采购部门每个月都要举行会议,通过会议把需求和供货能力之间的差距找出来。这样的会议效果很好,能够提出措施来弥补差距,进而满足客户需求,满足采购计划、发货计划和生产计划的要求。

5. 发展核心竞争力,推行生产外包

经过研究和论证,IBM的专家认为华为的核心竞争力在于技术领先和市场优势。在供应链管理的过程中只要牢牢把握住核心竞争力,其余非核心部分完全可以外包出去,让外边的专业公司来做。

2000年前后,华为通过业务外包,进一步将非核心业务"砍掉",主要涉及公司的生产环节,包括制造、组装、包装、发货和物流等业务。

(五)变革效果

2004年,华为ISC集成供应链的业务建设基本完成,一整套崭新的流程、

IT 和业务指标衡量体系正式运作起来。2005 年，华为订单的履行周期从两个月缩短到两周，生产模式从按计划生产转到按订单生产，华为的响应能力、灵活性、客户服务能力获得了极大的提升。

经过这个"冬天"（主要指华为在 2001 年至 2004 年初这段时间业务发展停滞），华为迎来大幅度的增长。华为能够取得高增长率并不能简单地解释为得益于有利的市场环境，毕竟外部市场环境对于所有竞争者来说都是一样的。早年的运营商市场的"七国八制"被彻底打破，华为有不少竞争对手在过去的 15 年里纷纷衰退了，而华为则变得越来越强大，昂首阔步地走在国际化道路上。

二、GSC，走向全球化阶段

ISC 变革经过先解决国内供应，然后推广全球供应链（即 Globle Supply Chain，GSC）的阶段。2005 年，华为从"冬天"醒来，开启第二次大的发展。进入 2005 年，华为的海外业务取得了非常大的进展，当年销售收入达到 453 亿元，同比增长 40% 左右，其中海外业务占到 58%，第一次超过国内业务。

华为在发达国家市场获得了实质性突破。世界电信运营商前 50 强，与华为合作的有 28 个，包括英国电信（BT）、沃达丰（Vodafone）、西班牙电信（Telefonica）、荷兰 KPN、新加坡电信、泰国 AIS、南部非洲 MTN、巴西 TELEMAR 等；华为已经进入了 14 个欧美发达国家的市场，包括德国、法国、英国、西班牙、葡萄牙、美国、加拿大等。华为的国际市场地位得到了进一步巩固，并在业界初步树立起国际化的品牌形象，为推动全球业务继续扩张，华为决定建立覆盖全球市场的供应链网络。

当时的华为供应链业务虽然已经经过 ISC 变革，但还是以深圳为生产基地的单一供应网络，海外市场基本没有覆盖，公司在海外的组织里甚至没有供应链组织。因此当华为全面进军海外市场时，其供应链面临的全球交付的压力陡增。

深圳供应海外的周期较长，越来越难以及时响应海外客户需求；
深圳坂田基地的生产能力扩展有限，越来越难以支撑剧增的产能需求；
海外市场业务大规模扩张以后，各地税收、财务和海关政策都不相同，该如何应对；
海外多个区域业务扩大以后，如何管理需求，确保分配均衡；
海外市场的需求与总部的计划如何打通，确保两者的一致性；
是否应该建立一套全球统一的计划，以及设立全球供应网络；
……

海外业务的强劲势头倒逼供应链的再次变革。在 ISC 取得成功的基础上，华为在 2005 年提出全球供应链（Globle Supply Chain，GSC）项目，目标是要把 ISC 的流程、IT 和组织等推广到海外，进而把海外的供应链网络建立起来，实现华为供应链的全球化。

（一）变革方案

1. 初步建立全球供应链网络

在全球供应链项目里，首先要做全球的网络设计，其次要做全球均衡的供应链的运作。华为在全球设立了五个供应中心，分布在中国、墨西哥、印度、巴西和匈牙利，以欧洲为例，仅匈牙利供应中心就能把欧洲甚至北非的很多国家纳入供应圈，保证及时到货（两周之内）。同时，还设立了分别位于中国、荷兰、阿联酋的三个重要的区域物流中心。在采购领域，华为设立了 5

个采购中心,其中有3个分布在美国、日本和德国,另外2个分布在中国大陆和台湾地区,主要针对电子元器件生产厂家或者重要工业品供应商集中的区域,在当地设立采购组织,让华为倡导的"集中认证,分散采购"的采购策略得到很好的实施。

2. 端到端打通订单和物流交付

全球统一的订单管理和物流也是建设重点。之前华为的业务主要集中在国内,订单交付和物流配送相对简单,物流部门可以集中管控。而海外的业务要通过大量的第三方、第四方物流才能获取信息,否则管控无从谈起。以非洲市场为例,当时采取的策略是选择国际上最好的物流公司让其成为华为的供应商,这样比较可靠,从深圳工厂到非洲市场的整个物流网络能有所保证。当然,也有当地的一些小的物流公司,以华为代表处获得认证,负责从当地的海关到一些基站的站点运输,华为借此获得当地的运输能力。

3. 建立全球计划体系

华为每年需要滚动制订未来3~5年的战略规划,其中供应链作为战略规划的重要部分,关系到公司未来的生产、采购的能力。面对全球市场格局,供应链战略的关键是建立全球计划体系。全球计划的前提是要掌握需求信息,因此首先要调整全球需求管理,建立覆盖全球的需求管理流程,包括需求汇总、平衡以及评审。明确需求可以为统一的全球计划系统打下基础。

为打通IT、提升全球计划的准确度,华为将APS扩展到全球,通过高级计划和排产系统整合所有的需求预测、计划排产和库存信息。APS能够高并发考虑到全部供应链管理,每当有改变发生时,APS高级计划就会同时检验水平管理、原料管理、需求管理,而不像MRPⅡ/DRP(DRP,分销资源计划系统)那样只考虑到单一类别的管理。这确保了供应链工作计划在任何时刻都有用。在此阶段，华为的 S&OP 得到进一步优化，市场一线与供应链的协同得到增强。

4. 提升全球制造能力

当华为的业务扩展到全球时，遇到了一个重要问题，那就是需要推进本地化生产。除了出于对当地税收和海关政策的考虑，更重要的是贴近客户的需求越来越强烈，客户要求的交货期越来越短，要求公司的反应速度越来越快。基于此，华为开始在欧洲等地与世界排名靠前的 EMS 工厂进行合作建厂。本地工厂归属于供应中心，这为顺利及时地客户交付奠定了坚实的基础，同时由于工厂雇佣的工人数量较大，这对于华为在当地的品牌宣传也有帮助。

5. 推行海外 ERP

2004 年，ISC 变革已经完成，ERP 在国内实现了升级，但海外市场并未上线。当时华为已经在海外数十个国家注册了分支机构，但缺乏 ERP 系统，导致效率较低。由于不同国家的税务、商业和海关政策都存在差异，华为在签订合同以后如何进行交付也是障碍重重。为解决这个问题，华为供应链与财务联合起来，决定全部上 ERP（系统），提高海外业务后台的运营效率。

然而，这并不是一件容易的事情，为此华为财务和供应链都付出了艰难的努力。华为成立公司级的海外子公司 ERP 实施项目组，聚集财务和供应链的专家和骨干，确定流程先行，先整合海外代表处的运作流程。在推行方面，项目分为两个阶段，第一阶段，2005 年率先在埃及、南非、沙特和英国等国家推行；第二阶段，2007 年完成除俄罗斯和巴西以外的所有海外机构的 ERP 上线。巴西和俄罗斯是在项目结束后，华为费了很大力气才完成 ERP 上线，其中巴西的税法和商法相当复杂，使得华为 ERP 被迫做定制化处理，经历过三次才最终上线，在华为 IT 实施过程中成为经典案例。

（二）变革效果

2008 年，华为供应链端到端交付概念得到初步体现，形成了较为完整的全球供应链网络。这一年公司实现收入 170 亿美元，比前一年增长了 36%，其中 75% 的销售额来自海外，连续第 4 年海外市场规模超过国内市场，在百年老店、电信巨头北电申请破产之际，华为强势增长证明了公司的强大实力。

（三）变革启示

ISC 变革被认为是华为供应链发展的里程碑事件，它大大地提升了华为供应链的运营能力，有效地支撑华为抓住了从国内到海外扩张的重要历史机遇，为华为供应链的高速发展奠定了坚实的基础，也为后续供应链的继续变革带来了全新的理念和深刻的启示。

1. 高层重视

必须要指出的是华为创始人任正非所具有的前瞻性，他在公司初创阶段就已经认识到供应链的重要性，把供应链当作公司战略的重要组成部分。在 ISC 变革之前就已经对生产管理流程、IT 进行过重组，取得了一定的进展。ISC 与 IPD 作为"穿美国鞋"战略最重要的一部分，得益于任正非的高度重视，成立公司级的变革项目组，并多次发表动员讲话，进行思想上和意识上的动员，同时又在组织上进行调整，为 ISC 的变革推行奠定了重要的思想基础。

2. 场景适配

华为 ISC 变革的启示是不要试图构建完一套大而全的东西再去推行。虽然当时全球范围内"集成供应链"开展得如火如荼，但实际上 ISC 开始的 1999 年，SCOR 模型才提出两年。在 ISC 变革上，华为和 IBM 顾问在先进供应链理念的指导下，结合华为行业特点和业务场景，以业务驱动为起点进行探索，ISC 变革本身就是行业内的第一次探索。经过长期的 ISC 变革，华为建立起了一整套较为完整的基于 ISC 的集成供应链流程、IT 和管理体系，供应链正式成为公司核心竞争力的一部分，有力地支撑公司快速发展和全球扩张。

3. 流程 IT

ISC 变革，跟以往很大不同的一点是变革必须从流程切入，然后提供一整套基于流程的方法和工具。这套流程化的方法和工具，为业务开展提供了一条天然的高速流动的"河流"，使得原本断裂的和协同不畅的业务都汇到业务流程的"洪流"之中。

优秀的流程通过 IT 系统能更好地落地执行。从物料资源计划 MRP 到制造资源计划 MRPⅡ，增强的是计算机生产排产能力，后者动态覆盖了产供销全过程。而 ERP 又进一步增加了财务预算、决策支持系统等功能，实现了对企业运作全面管理。APS 高级计划与排程软件系统，则基于有限资源能力的优化计划，其动态、精确管理、实时、同步的特点，帮助华为把供应链提升到世界一流水平。

4. 内外协同

与"集成产品开发"的变革相比，"集成供应链"变革流程的挑战要大得多。实际上，华为请 IBM 帮忙引进的 ISC，并不是传统的采购管理，而是包括计划、订单、物流、采购、制造等全业务场景的供应链管理，市场和研发环节也被纳入进来，同时还包括企业外部的客户和供应商，任何一个环节的问题都会影响整个 ISC 链条运作绩效的改进。ISC 要运行良好就需要提升整个产业各个环节的运作能力，必须实现企业内部各环节的协同，进而扩展到企业外部的产业链协同，包括供应商、制造商和物流商等，显然华为深刻地践行了这一理念。

5. 华为变革的"七个反对"

基于华为变革的经验，创始人任正非坚信华为变革的第一要义就是坚持以接口客户的一线部门为中心，用一线指挥总部机关，选用具有成功实践经验的一线干部作为变革的重要成员。为此，任正非提出了坚持变革的"七个反对"：

第一，坚决反对完美主义！

第二，坚决反对烦琐哲学！

第三，坚决反对盲目的创新！

第四，坚决反对不能带来全局效益提升的局部优化！

第五，坚决反对没有全局观的干部主导变革！

第六，坚决反对没有业务实践经验的人参加变革！

第七，坚决反对没有充分论证的流程投入使用！

第六节
螺旋式上升的供应链组织

华为坚持变革，全面学习西方公司的管理经验。华为花了 28 年的时间向西方学习，至今还没有打通全部流程，虽然华为和有的公司比，管理能力已经很好了，但和爱立信这样的公司相比，华为多了 2 万名管理人员，每年多花 40 亿美元的管理费用。所以华为还在不断优化组织和流程，提高内部效率。

（节选自《二十八年只对准一个城墙口冲锋》，任正非接受新华社专访，2016 年 3 月 5 日）

华为公司始终坚持战略决定组织架构，组织架构要与战略相适应。基于此，华为聚焦战略形成大平台支撑精兵作战的组织架构，强调组织架构要基于核心能力，着眼于公司核心能力的强化和深化。

华为供应链组织架构的演变与华为公司的变革大致对应，重新审视这段进程，了解华为供应链的成长史，有助于发现其进步的基因和成长的秘密。而要解剖这段历史，必须重视人的因素，所以很有必要从供应链的组织架构入手。

华为的供应链业务一直伴随着华为的高速成长，是华为成长不可忽视的一支力量。实际上华为对供应链的定位在很长一段时间是在不断变化的，供应链的成长与进步并非一蹴而就，而是曲折前进的。我们来回看华为各个阶段的治理架构，比较其中供应链的位置，了解华为发展各阶段中供应链的组织架构及定位。

（一）追赶前行：1998 年—2003 年

我们要消除变革中的阻力，这种阻力主要来自高中级干部。我们正处在一个组织变革的时期，许多高中级干部的职务都会发生变动。我们愿意听取干部的倾诉，但我们也要求干部服从公司的要求，否则变革无法进行。待三年后，变革已进入正常轨道，我们愿意遵照干部的意愿并结合工作岗位的可能，接受干部的岗位调整申请。

（节选自《2001 年十大管理工作要点》，任正非在科级以上干部大会上的讲话）

1998—2003 年，华为的年平均营业收入大概是 200 亿元，而且还经历了 2002 年营业收入下滑的"华为的冬天"，但华为还是坚定地推行了这一系列改革。

在此阶段，华为供应链推行 ISC 变革，从流程上重新整合供应链，可以认为是供应链的整合期。推行 ISC 以后，供应链开始独立运作，承担公司端到端的供应保障职责，负责供应保障、质量保证、成本降低和库存控制等工作。

（二）浴火重生：2004—2010 年

时间来到 2004 年，华为每年仍然以超过 40% 的速度在成长。在此阶段，华为全面开启国际化进程，以 ISC 为代表的供应链流程再造基本完成，华为供应链进入全球供应链建设阶段。供应链开始支撑多场景、多产业和多区域，华为重点建设海外代表处的供应链和海外供应中心，全面推进端到端交付流程的打通工作。

ISC 变革开始以后，华为引入集成供应链管理，成立供应链管理部。供应链管理部、采购认证部和全球服务部形成运作与交付体系，取代原有的功能系统，由公司高层担任体系总裁。客观来说，ISC 变革是以深圳为生产基地的单一的供应链网络，不能够辐射到海外业务。

随着华为国际化进程的推进，新的问题出现了，那就是全球计划、全球订单的履行和全球供应网络设计等问题。于是 2005 年华为供应链进一步提出了 GSC 即全球供应链的项目，主要目标就是建设海外供应中心和供应组织。建立海外供应链组织的重点是建立区域供应中心，供应中心设订单部、计划物流部、本地采购部和制造部，这样就形成了一个完善的区域供应链组织。

2008 年公司对国内和国外进行供应链端到端打通，提出大交付概念，在全球形成全方位的供应网络。此时华为在全球有五个供应中心、三个重要的区域物流中心，同时还有五个采购中心。华为供应链组织架构如图 1-4 所示。

第一章 复盘：追寻铁军的足迹

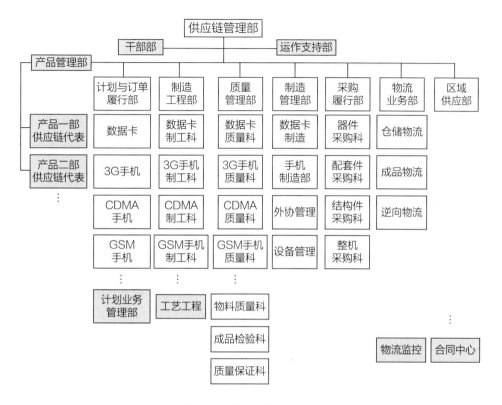

图 1-4　供应链组织架构图

（来源：于东海，2015）

（三）高歌猛进：2011—2015 年

通过匹配客户需求，建立面向三个客户群的 BG 组织，以适应不同客户群的商业规律和经营特点。BG 面向客户，洞察其需求，针对客户的需求、痛点和挑战，整合公司内部的各种资源，为客户提供创新的、领先的、差异化的解决方案，帮助客户实现商业成功，并使客户能够以更简单的方式与华为做生意，持续提高客户的满意度。

（节选自《自我批判，不断超越》，任正非就公司组织变革致全体员工的一封信，2014 年 2 月 19 日）

2012年，华为公司的全年营收达到2202亿元，同比增长24.5%，这一数据显示，华为在欧债危机的压力下，仍保持了稳健增长的态势，全面超越最大的竞争对手爱立信，成为全球通信行业的龙头企业。骄人的业绩虽然离不开华为业务战略的成功转型及终端市场的突破，但组织结构及时跟随战略的调整而调整，并通过这样的调整使权力得以合理分配并极大地提升了组织运营效率，这些也是厥功至伟。

2011年，公司为了支持多产业发展，对供应链和采购的流程及IT系统等进行了再次升级。在这一阶段，供应链的内部组织变动较为频繁，供应链开始在管理和服务之间寻找平衡，中间曾改名为供应链管理服务部，这也是供应链在努力寻找核心价值的阶段。

随后，原来直属公司的运作与交付体系被改造为供应体系，供应链管理服务部改回供应链管理部，采购认证部独立出来，制造部也独立出来。至此，供应链组织趋于稳定，正式确定为供应体系，下设相对独立的供应链管理部，采购认证部和制造部，保持三足鼎立的态势（如图1-5所示）。公司层面设立首席供应官来负责供应体系管理，首席供应官进入公司董事会序列，供应链成为公司的竞争要素之一。

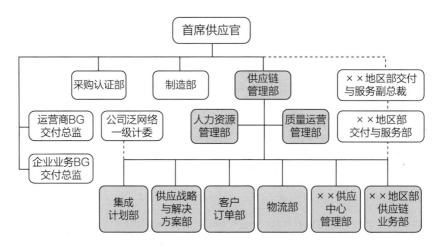

图1-5 华为公司供应体系组织架构图

供应链管理部：供应链继续走向国际化，更加贴近客户交付。计划部门开始与订单部门分离，走向全球计划，内部计划部门按产品线划分；而订单履行变更为客户订单履行，客户交付加在订单部门之前，客户导向非常明确，客户的前导性倾向明显。

采购部：采购部门变动相对较小，其名称变为采购认证部。最大的变化来自终端公司，终端采购认证部正式独立出来，原来归属平台的物流认证部被划归终端公司，并根据终端业务特点设立面向海外销售物料的市场性采购。

制造部：制造部连续进行了两次变革。第一次是制造部门整合为全球制造部。制造部门的范围从原来的车间管理，延伸至制造工程、新产品导入、物料配送和 EMS 管理等。与此同时，华为开始大范围推行生产外包，EMS 管理部开始建设，与在代工行业排名靠前的伟创力、富士康以及比亚迪、长城的合作加快。第二次是响应和支持国家的智能制造战略，原本属于供应链管理部制造部独立，为公司一级部门。至此，制造部成为供应体系的重要组成部分，与供应链管理部和采购认证部并列构成新的供应体系。

物流部：物流组织分为面向客户的部分和与制造相关的部分。面向客户的物流部，包含国际运输、进出口和客户物流工艺，华为的国际运输和进出口向来都是外包给全球排名最靠前的 LSP（分层服务供应商），包括联邦快递、UPS、DHL、德国邮政等。而与制造相关的物流，包含仓储的收存发，以及仓储物流工艺等，统一缩编为物料配送，被定位为内部客户即制造的配套从属部门。同时物流启动外包管理，仓储的基础操作部分被逐步外包给 LSP，把著名的中外运、DHL 等引入进来，物料配送进入专业化服务阶段。

扩展阅读：

《在理性与平实中存活》任正非在干部管理培训班上的讲话，2003 年 5 月 25 日（请读者自行在网上搜索）。

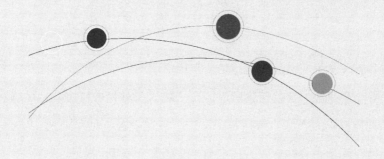

第二章

揭幕：
供应链的理论基础

"未来的竞争不是个体或组织之间的竞争，而是供应链与供应链之间的竞争。"

——国际供应链管理专家、供应链竞争理论的创建人马丁·克里斯多夫

顾名思义，供应链是一个链条，它把供应商、生产商、物流商、分销商、零售商等全产业链的伙伴们紧密连接在一起，并对其进行协调、优化和管理。供应链包含企业的产品、信息和资金三个流通途径，即所谓的三流合一，实际上，供应链是企业的运营、技术和专业的综合表现。

供应链在现代企业经营的地位非常重要，那么它是怎么发展起来的，经过哪些阶段，对企业生存发展起到哪些作用……这对于理解华为供应链的发展和变化有着基础性的帮助作用。

第一节
供应链的起源和发展：
从第二次世界大战时期的美军说起

追溯供应链的发展，要从第二次世界大战时期美军的后勤管理与物流的发展开始说起。按照麦克阿瑟的说法，第二次世界大战就其主要特征来说就是一场后勤战，有数据为证，美军在第二次世界大战时期巅峰人数为1200万

人，其中在编的后期保障部队就有300万人。

可以说，第二次世界大战的美军后勤管理是人类历史上第一次把后勤补给变成一种真正可计算、可预计的科学管理。在美国空军后勤管理和指挥队伍中，就有被称为"蓝血十杰"的查尔斯·桑顿、罗伯特·麦克纳玛拉、法兰西斯·利斯、乔治·摩尔、艾荷华·蓝迪等人，他们第一次将线性优化等运筹学知识应用于后期保障，为美军节省了数十亿美元的军费开支，还极大地解决了后勤补给的瓶颈问题。战后，"蓝血十杰"整体加盟福特公司，把数学建模和运筹学运用到公司治理中，为福特建立了强大的财务管理体系，为现代化的成本控制和绩效管理研究立下了汗马功劳。第二次世界大战后，随着美军大批后勤管理精英退役并加入民企，美军的后勤管理方法开始广泛应用于民企，这直接促成了物流与供应链管理研究和应用的兴起。

在20世纪60年代以前，企业通过确定经济生产批量、安全库存、订货点的方法来保证生产的稳定性，但由于这种方法没有注意到独立需求和相关需求的区别，所以没有取得期望的效果。20世纪60年代中期，出现了物料需求计划（Material Requirements Planning，MRP），较好地解决了相关需求的管理问题，此后，人们一直在探求更好的制造管理模式，出现了诸如制造资源计划（Manufacturing Resources Planning，MRP Ⅱ）、准时生产制（Just – in – Time，JIT）及精益生产等新的生产方式，这时盛行的管理是全面质量管理（Total Quality Management，TQM），这些新的生产方式和管理理念对提高企业整体效益和市场竞争力做出了不可低估的贡献，推动了日本经济的快速发展。

20世纪90年代以后，消费者的需求特征发生了前所未有的变化，整个世界的经济活动也出现了以前未曾有过的全球经济一体化的特征，这些变化对企业参与竞争的能力提出了更高的要求，原有的管理思想已不能适应新的竞争形势。由于MRP Ⅱ和JIT等生产方式都只考虑企业内部资源的利用，只关注本企业资源的优化利用,而当时的市场环境里要求企业能够快速响应客户需求,要达到这一点,仅靠一个企业的资源是不够的。在这种形势下,供应链管理的出现促进了企业资源计划(Enterprise Resources Planning,ERP)的发展。ERP是在MRP Ⅱ的基础上发展而来的。20世纪90年代初,美国Gartner咨询公司在总结MRP Ⅱ的发展趋势时,提出了ERP的概念,从此制造业的管理信息系统进入了ERP的时代,ERP着眼于供应链管理,在MRP Ⅱ的基础上,增加了运输管理、项目管理、市场信息分析、电子商务、电子数据交换(Electronic Data Interchange,EDI)等功能。企业内部的业务和管理改进重视业务流程重整(Business Process Reengineering,BPR),ERP强调对供应链的整体管理,将供应商、制造商、协作厂家、用户甚至竞争对手都纳入管理的资源中,让业务流程更加紧密地联系在一起。

ISC(集成供应链)是在管理思想、理念不断演进以及信息技术飞速发展并相互融合后形成的。进入21世纪,科学技术和生产力高速发展,社会、经济环境发生了前所未有的变化,随着消费水平的不断提高,消费者的需求继续向多样化、定制化、个性化方向发展,不确定因素大大增加,企业面对的是更加激烈的竞争形势。供应链管理成为企业间资源集成的桥梁。在管理方面,企业不仅在内部进行业务流程重整,并且推动上下游的合作伙伴进行业务流程重整,同时全面应用电子商务、电子数据交换工具,引入基于电子商务的、先进的需求、计划和订单履行信息系统,使企业之间建立起新型的合作伙伴关系,将合作伙伴的能力集成起来,提高整个供应链的柔性,满足更多的客户定制化需求,更有效地为最终客户服务,实现供应链上所有伙伴的利益共享。

实际上,供应链是伴随着工业革命的发展而发展的。每一次工业革命,都从技术层面对供应链各个领域产生了巨大的推动力,为供应链的变革和发展提供了强大的发展动力,使得供应链的进步日新月异。推出工业 4.0 后,供应链的智能制造应运而生,物流开始进化为智慧物流,进而推动供应链升级到智慧供应链的新高度。

第二节
供应链的定义、范围和模型

一、供应链的定义

要考察供应链的起源,最早可追溯到彼得·德鲁克的"经济链",然后由迈克尔·波特发展为价值链,最终演变成供应链。早期的观点认为供应链是制造企业中的一个内部过程,是将采购的原材料和零部件,通过生产转换和销售等过程传递给用户的一个过程。传统的供应链概念局限于企业的内部操作,注重企业自身的资源利用,随着企业经营的进一步发展,供应链的概念范围扩大到了与其他企业的联系,开始关注到企业外部环节的连接与集成。

国际供应链协会(SCC)发布的供应链定义为:供应链是包括从供应商的供应商到顾客的顾客之间,所有与产品的生产与配销相关的活动流程。

供应链专家马士华对供应链的定义为:供应链是围绕核心企业,通过对信息流、物流、资金流的控制,从采购原材料开始,制成中间产品以及最终产品,最后由销售网络把产品送到消费者手中的将供应商、制造商、分销商、零售商,直到最终用户连成一个整体的功能网络结构。

国务院办公厅 2017 年 10 月 13 日印发了《关于积极推进供应链创新与应

用的指导意见》,提出的供应链定义为:供应链是以客户需求为导向,以提高质量和效率为目标,以整合资源为手段,实现产品设计、采购、生产、销售、服务等全过程高效协同的组织形态。

一般来说,构成供应链的基本要素包括:

①供应商:供应商指为生产厂家提供原材料或零、部件的企业。

②制造商:制造商是负责产品生产、开发和售后服务的企业等。

③分销商:分销商为实现将产品送到经营范围内每个角落而设的产品流通代理企业。

④零售商:零售商是将产品销售给消费者的企业。

⑤物流商:物流商即专门提供物流服务的企业。

二、供应链的范围

供应链的范围包含计划、采购、制造、交付、物流和退货等多个环节,覆盖实物流、信息流和资金流。凡事预则立,不预则废。供应链也要有目的和有意识地通过计划来掌控进程和降低风险。计划是供应链的核心,也可以称之为中枢环节,包含市场计划、销售与运作计划、生产计划、物料控制计划、物料配送计划和运输计划等,涉及企业运作的信息流,在供应链中承担指挥职能。而采购、生产制造和物流(含退货)则是实物流的三个关键环节,也是重要的执行环节。

供应链业务一般包括实物流、信息流和资金流,它们有各自不同的功能以及不同的流通方向。

实物流:实物流主要是产品实物,包含物资和商品的流通过程,这是一个接收、处理和发送货物的流程。该流程的方向是由供应商发起,经由制造商、物流商、零售商等通向消费者。由于长期以来企业理论都是围绕产品实物展开的，因此实物流历来被人们重视。许多物流理论都涉及如何在物资流通过程中短时间、低成本将货物送出去。它不仅是一条连接供应商到消费者的物流链、信息链、资金链，还是一条增值链，即物料在供应链上因加工、包装、运输等过程而增加其价值，给相关企业带来收益。

信息流：信息流指的是物资和商品及交易等信息的流程。该流程的方向是在供应商与消费者之间双向流动的。过去人们往往把重点放在看得到的产品实物上，而信息流一直被忽视，甚至有人认为，国家的物流落后与资金过多投入实物流而延误对信息流的投入不无关系。

资金流：资金流指的是货币的流通。为了保障企业的正常运作，必须确保资金的及时回收，否则企业就无法建立完善的经营体系。该流程的方向是由消费者经由零售商、物流商、制造商等通向供应商。

三、SCOR 模型

SCOR 模型（Supply - Chain Operations Reference - model），即供应链运作参考模型，是由国际供应链协会（Supply - Chain Council，SCC）开发支持，适合于不同工业领域的供应链运作参考模型，后来被推广到其他领域。SCC 成立于 1996 年，由两家位于美国波士顿的咨询公司——Pittiglio Rabin Todd & McGrath（PRTM）和 AMR Research（AMR）牵头组建，SCC 率先提出帮助企业实现从基于职能管理到基于流程管理的转变，目的在于帮助企业更好地建立和运行有效的供应链。1997 年，SCC 发布 SCOR 模型。

SCOR 模型是目前最为经典的供应链运作模型，可以适用于不同的行业，包括制造、分销以及零售领域。可以说，SCOR 模型提供了一整套标准的沟通语言、参考模型和诊断工具，让企业能够准确地理解供应链问题，衡量供应链运作性能，还可以作为推进供应链变革的参考。

SCOR 模型把业务流程重组、标杆比较和流程评测等著名的概念集成到一个跨功能的框架之中。SCOR 模型是一个为供应链上的伙伴有效沟通而设计的流程参考模型，是一个帮助管理者聚焦管理问题的标准语言，同时，SCOR 模型还帮助管理者关注企业内部供应链。

SCOR 模型用于描述、度量、评价供应链配置；规范的 SCOR 模型流程定义实际上允许任何供应链配置；规范的 SCOR 模型指标能衡量供应链绩效，以及与标杆进行比较；而供应链配置可以被评估以支持连续的改进和战略计划编制。

SCOR 模型科学地定义了供应链的五个基本流程：计划（Plan）、采购（Source）、生产（Make）、配送（Delivery）和退货（Return），如图 2-1 所示。SCOR 模型主要由四个部分组成：供应链管理流程的一般定义、对应于流程性能的指标基准、对供应链"最佳实践"的描述以及选择供应链软件产品的信息。

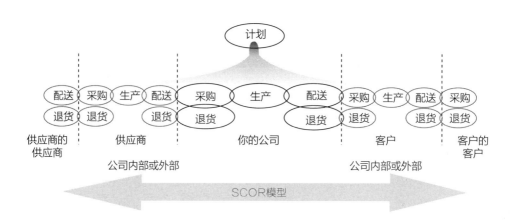

图 2-1 SCOR 模型图

1. 计划

需求/供应的规划与管理

1）评估企业整体生产能力、总体需求计划以及针对产品分销渠道制订库存计划、分销计划、生产计划、物料及生产能力的计划。

2）制造或采购决策的制定，供应链结构的设计，长期生产能力与资源规划、企业计划、产品生命周期的确定，生产正常运营的过渡期管理，产品衰退期的管理与产品线的管理等。

2. 采购

（1）寻找供应商/物料收取

1）获得、接收、检验、拒收与发送物料。

2）供应商评估、采购运输管理、采购品质管理、采购合约管理、进货运费条件管理、采购零部件的规格管理。

（2）原材料仓库管理

（3）原材料运送和安装管理

包括运输管理、付款条件管理以及安装进度管理。

（4）采购支持业务

包括采购业务规则管理、原材料存货管理。

3. 生产

（1）生产运作

1）申请及领取物料、产品制造和测试、包装出货等。

2）工程变更、生产状况掌握、产品质量管理、现场生产进度控制、短期生产能力计划与现场设备管理等。

3）在制品运输。

(2) 生产支持业务

包括制造业务规格管理、在制品库存管理。

4. 配送

(1) 订单管理

订单输入、报价、客户资料维护、订单分配、产品价格资料维护、应收账款管理、授信、收款与开立发票等。

(2) 产品库存管理

存储、拣货、按包装明细将产品装入箱、制作客户特殊要求的包装与标签、整理确认订单、运送货物等。

(3) 产品运输安装管理

运输方式安排、出货运费管控、货品安装进度安排、进行安装与产品试运行等。

(4) 配送支持业务

配送渠道的决策制订、配送存货管理、配送品质的掌握和产品的进出口业务等。

5. 退货

(1) 原料退回

退还原料给供应商,包括与商业伙伴的沟通、同时准备好文件资料以及物料实体的返还及运送。

(2) 产品退回

接收并处理从客户处返回的产品,包括与商业伙伴的沟通、同时准备好文件资料以及产品实体的接收和处理。

四、供应链的特征

20世纪90年代以来,消费者的需求特征发生了前所未有的变化:消费需求的多样化发展速度越来越快;高新技术的飞速发展使产品的生命周期越来越短;产品品种飞速增长;客户对交货期的要求越来越高、对产品和服务的期望越来越高。

在这样的环境下,供应链管理的方式、方法也在不断演进。对供应链的理解要从内部到外部,从一个厂家到一个协作共同体,直至全产业链。这些变化对企业参与竞争的能力提出了更高的要求,原有的管理思想和运作模式已不能满足高质量、低成本、快速响应客户需求的新要求。

当今供应链管理呈现三个鲜明的特征:客户导向、流程驱动和协同关系。

(一)客户导向

客户导向就是以客户为中心。现代企业的经营策略和目标要以客户为中心,从获取客户需求开始,到满足客户需求结束。企业在经营过程中,要以满足客户需求和增加客户价值作为目标,从而获得利润;要重视客户消费能力、消费行为和消费趋势的变化,动态适应客户需求。客户的需要正向多样化、个性化发展,交货期要求越来越短,企业只有通过供应链的改进,才能更及时地获取全面、准确的客户信息,以快速的响应、更高的柔性和更低的成本来最大限度地满足客户的需求。供应链是产品价值的实现现场,也是客户需求实现的落地载体,必须要关注最终客户需求,做到以客户为中心,才能更好地服务客户。

(二)流程导向

供应链是从原材料到中间品,再到成品的产品生命周期全过程。随着产品流动，必然会产生供应链的三个流，需要流程来承载。产品和服务的价值是由相互连接的一组过程而不是孤立的功能来产生的，需要通过流程来打通价值链。如果部门间存在很厚的"部门墙"，每个部门只关注部门内部业务，对相关环节和最终的运作效果关注不够，致使相互间的沟通、协调不畅就会造成诸如信息共享度低、流程不畅、执行状态不透明、运作周期长等问题。单个环节的优秀并不代表整个流程的优秀，流程运作的最终结果需要各环节的共同努力和积极协调与配合。供应链天然具备价值链实现的条件，将供应链管理这个概念在工厂内推广并从工厂拓展到供应链里下一个层次的供应商、物流商和制造商，然后再逐级向下扩展到供应链的最底层，最终打破所有职能部门间的"部门墙"，实现流程的端到端打通。

（三）协同导向

供应链的目标是要把产品和服务按时送到客户手上，这个过程需要各个环节的有效协作和支持。在供应链领域，上下游环节需要发挥各自优势，实现信息互通、资源共享，通过优势互补，进而减少不必要的浪费。协同的过程一方面是创造更多价值，另一方面则可以实现风险共担。供应链管理的优势在于合作伙伴间通过共享数据、信息等资源，使供应链上的企业能够及时制订和调整策略，以便在市场上占据主动。供应商、制造商、分销商和零售商愿意相互开放，并且希望在供应链中有及早介入的机会。通过共享上下游合作伙伴的知识和经验，可提高供应链上的企业的管理水平，使供应链运作更有效。

供应链的协同关系经历三个主要阶段。第一阶段为传统关系，以传统产品买卖为特征的短期合同关系，很明显，合作的双方是简单的利益关系。第二阶段为物流关系，此时以加强基于产品质量和服务的物流关系为特征，更加注重产品质量、服务的柔性和准时。第三阶段为战略合作伙伴关系，强调合作和信任，即实现双方的资源优势互补和对协议、承诺的兑现，可以理解为新型的客户－供应商关系，是一种利益共享、风险共担的紧密合作关系。这种关系形成的原因通常是供应链节点的企业为了降低库存水平及供应链总成本、强化信息共享、改善相互间的交流、产生更大的竞争优势，以实现财务状况、产品质量、产量、交货期、用户满意度及业绩的改善或提高。

第三节
各行业的供应链比较

因为行业、企业规模和业务场景的不同，供应链的形式、作用和地位有着明显差异。

从规模来看，一般的中小企业较少设立供应链部门，主要是考虑到供应链功能的不成熟，而多以采购、物流代替；大企业或者集团都会设立供应链管理部作为职能部门或者体系管理，均会设立供应链领域负责人，一般由副总裁或首席供应官担任。

从业务场景来看，供应链则可以分为广义供应链和狭义供应链，其中狭义供应链指的是供应商采购相关的业务，而广义供应链指的是在 SCOR 模型定义下的计划、采购和制造等供应链全场景业务。

从行业比较来看，制造业与零售业的供应链也有所不同。制造行业的供应链一般来说比较重视计划环节，以计划环节为中心；而零售行业的供应链更加注重产品生产出来以后的物流配送环节，将物流网络的规划和优化作为中心，侧重分销阶段的供应链协同。

第四节
供应链的发展状况

随着经济全球化的发展，供应链也变得越来越全球化和一体化。无论是在企业还是在高校，供应链已经成为热门话题。

一、企业供应链最高负责人

有越来越多的企业明白，如今企业的成功离不开发挥关键作用的供应链运作，供应链业务日益成为董事会频繁讨论的话题。供应链最高负责人在企业的地位也日益提升，越来越多的供应链负责人进入企业司董事会或者管委会。

2000年左右，IBM首次任命供应链最高负责人为首席供应官（Chief Supply Chain Official，CSCO）。IBM认为构建供应链属于战略性事业，供应链的最高负责人必须成为能优化复杂的全球网络的战略思想家、合作者和协调人。现在越来越多的企业在其供应链管理者身上授予了更多的权力和责任，不管这些高级供应链管理者的头衔是首席供应官，还是行政副总裁，有一点是肯定的，那就是供应链的领导人正在影响甚至做出高层运营决策。

以前，企业供应链的最高负责人一般是经理、部长、总监，而现在则是首席供应官，供应链负责人的职位越高，意味着供应链在企业中所起的作用越大。与首席财务官（CFO）、首席技术官（CTO）等类似的名字，意味着供应链在公司的地位的提升。

实际上，受过专门训练的供应链从业人员也越来越多，他们已经有能力做出合理的采购决策，从而使得供应链在企业中的地位也越来越高。如今，越来越多的企业开始整合供应链，设置首席供应官并将其列入高级管理层，这也加强了供应链部门的吸引力，促进了供应链管理理念的进一步发展。

二、高校的专业设置

这个话题还要从招人谈起。华为每年招聘大批的大学毕业生，出去招聘的部门有研发、市场、财经、供应链等。供应链是其中为数不多的无法按照专业对口招聘的部门，以前供应链只能按照需求招聘机械、计算机等专业的毕业生学生，后来有了物流专业学生，直到2018年，教育部才发文设置了供应链本科专业。这直接反映了供应链人才培养的困境。

供应链专业在高校中属于后起之秀。物流专业是在1994年开始设立的。时至今日，很多知名高校已经开设物流相关专业，包括采购管理、物流管理和物流工程等。物流专业算是与供应链相关的专业，但目前的物流管理专业更多地侧重于供应链中的采购和物流环节，缺乏完整的供应链思维和基本技能的训练。而管理工程、工商管理和工业工程等专业对供应链管理的介绍只是蜻蜓点水，或有仅将其作为一门选修课。即便有些专业设置了供应链管理课程，少数高等院校设立了供应链管理专业，但学校普遍缺乏具有管理供应链实践经验的师资，缺乏见习和实践的基础条件。

开设物流专业最早的学校是北京物资学院，1993年该校开办国内第一个期货专业，1994年开办国内第一个物流管理专业，2010年开办国内第一个采购管理专业。北京交通大学是我国第一个具有物流学博士学位授予权的高等学府，在交通运输优化、物流战略与规划、物流运筹等领域有较为雄厚的实力。目前,"物流专业"已进入教育部本科专业大类目录中,"物流管理""物流工程"两个专业归入"管理学"下的"物流工程与管理"大类中。截至 2018 年,我国高校共有 655 个物流本科专业布点,其中物流管理专业 512 个,物流工程专业 134 个,采购管理专业 8 个,供应链管理专业 1 个。

从 2018 年开始,高校的供应链专业设置情况开始有明显改观,上述 655 个物流本科专业中"供应链管理专业 1 个"应该就是 2008 年 6 月国内第一个开设供应链管理专业的院校武汉学院。《教育部关于公布 2017 年度普通高等学校本科专业备案和审批结果的通知》(发文字号:教高函〔2018〕4 号)宣布我国新增供应链管理本科专业,2019 年有 7 所高校建立了该本科专业。

供应链已成为企业提升竞争能力的重要载体,但是能够满足企业需求的供应链人才却如凤毛麟角,供应链人才短缺的趋势越发严峻。加强供应链人才培养,已成为我国高校亟须解决的问题。

三、行业的发展状况

供应链服务行业作为一个新兴的行业,长期未被纳入国民经济行业分类,行业长期面临归属和分类不清晰的问题,也导致了一系列政策、法规的适用性问题。供应链企业都是从某种业态转型升级过来的,有的是物流企业,有的是商贸流通企业。

在《2017 年国民经济行业分类(GB/T4754 – 2017)》中,明确将供应链管理服务单列统计类别:商务服务业 – 7224 – 供应链管理服务。这对供应链管理服务行业持续、健康、有序发展发挥着重要作用,该标准已于 2017 年 10 月 1 日正式实施。文件中明确指出供应链服务是基于现代信息技术对供应链中的物流、商流、信息流和资金流进行设计、规划、控制和优化,将单一、分散的订单管理、采购执行、报关退税、物流管理、资金融通、数据管理、贸易商务、结算等进行一体化整合的服务。供应链服务正式被纳入国民经济分类，意味着供应链服务成为中国国民经济中重要的发展方式之一，而这一修订对促进供应链服务行业和企业的发展具有长远的积极影响。

扩展阅读： 供应链、物流与采购的区别

众所周知，供应链的三个流分别是信息流、实物流和资金流，三者是相辅相成的关系，但也有一定的独立性。供应链包含订单、计划、采购、物流和生产等环节，在实际业务开展过程中，人们容易混淆物流、采购和供应链的关系。

什么是供应链？

供应链是满足客户需求的端到端的全过程，供应链必须包含买卖双方，一方是提供产品或服务的，另一方是购买产品或服务的，通过双方之间的实物流、信息流、资金流，使得供应商、制造商、物流商、零售商和客户等构成一个有机和谐的生态圈，即供应链。

近年来有人提出供需链的概念，着重强调需求的重要性。供应链中有"链"字，顾名思义，即存在着一个链条，贯穿始终。在供需交互过程中，为了将产品或服务交付给最终用户，需要上游供应商、中游生产企业和下游销售企业共同建立端到端的供应链网。

供应链的目的是满足客户需求，需要围绕核心企业，通过对信息流、实物流和资金流的控制，从采购原材料开始，制成中间产品以及最终产品，最后通过销售网络把产品送到客户手中。它不仅是一条连接供应商到用户的物流链、信息链、资金链，而且是一条增值链，物料在供应链上因生产加工、流通加工和物流运输等过程而增加其价值，并给相关企业带来收益。

什么是物流?

中国的物流术语标准将物流定义为:物流是物品从供应地向接收地的实体流动过程中,根据实际需要,将运输、储存、装卸搬运、包装、流通加工、配送、信息处理等功能有机结合起来实现用户要求的过程。显然,物流包含七大构成部分:物体的运输、仓储、包装、搬运装卸、流通加工、配送以及相关的物流信息等。

传统观点认为物流在后勤保障系统和销售活动中起桥梁作用。而现代物流不仅要考虑从生产者到消费者的货物配送问题,还要考虑在生产者对原材料的采购,以及生产者本身在产品制造过程中的运输、保管和信息等各个方面,怎样全面地、综合性地提高经济效益和效率的问题。

关于物流的作用,简单地说,包括服务商流、保障生产和方便生活三个方面。但归根结底,物流解决的是"物的移动"及其相关的问题。

什么是采购?

从本质上讲,采购就是买东西,但是如果你跟一个商人说什么是采购,这个定义要复杂得多。他们会说采购:

1) 是购买商品或服务;
2) 要好的质量;
3) 要合适的数量;
4) 在规定的时间内;
5) 来自最好的供应商;
6) 有最优条件;
7) 是具有某种义务的合同。

采购通常由与公司有基本协议的常规供应商自动进行。这个基本协议是一种合同,允许以一定的价格和规定条件提供一系列的货物或服务。这是一种确保买卖双方都能快速顺利地进行采购的方法。如果有特殊采购或大型采购，会通过招投标过程进行。

但是经常有人认为采购管理或者供应商管理就是供应链，很可能是因为采购职能离客户需求最远，又有多家供方需要协调，供应链的问题最容易在采购环节爆发。采购确实是很多企业供应链最薄弱的环节，反过来说，也是潜能最大的地方，企业高层必须在经营理念与行动上都给予足够重视。采购问题很难在采购部门找到解决方案，要站在整个供应链甚至价值链的高度才能找到解决办法。

简要总结，物流管理关注怎样才能把东西存放好，减少仓储成本，怎样才能把东西运得又快又好，减少运输成本。而采购就是找谁买东西，怎样买东西比较经济，怎样讨价还价等。供应链的运作由供应链管理来完成，供应链管理的精髓是协调好上、下游的供需关系，是生产、分销、零售等职能的分工与合作。

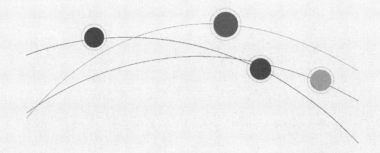

第三章

转型:
华为从 B2B 到 B2C 的
供应链成功要素

我们认为终端（公司）这几年的发展真的不容易。当年我们没想过做终端，因为我们的3G系统卖不出去，没有配套的手机，要去买终端，买不到，才被迫上马的。应该说你们走得不错，很成功。郭平发明了转售路线，专门给大运营商定制低端手机，当时我对这个路线还是持怀疑态度，到底能不能成功？没想到歪打正着，成功了。

（节选自《做事要霸气，做人要谦卑，要按消费品的规律，敢于追求最大的增长和胜利》，任正非与终端公司骨干员工座谈纪要，2010年12月3日）

第一节
B2B 与 B2C 之间的天然鸿沟

一、难以克服的市场"魔咒"

先来看看华为终端公司2018年的成绩单：

手机发货量破2亿，相比2010年增长66倍；手机销量超越苹果，排名全球第二；2018年华为终端销售收入突破500亿美元。

华为可能是世界上为数不多做B2B业务成功，做B2C业务也非常成功的企业。华为是如何开发终端手机业务，并发展到势不可挡的地步的呢？在华

第三章 转型：华为从 B2B 到 B2C 的供应链成功要素

为终端崛起之前，市场上有这样的一个魔咒：地球上几乎没有一个世界级品牌，能够成功兼顾 B2B 和 B2C 业务。因为 B2C 和 B2B 业务有着很大的差异性，体现在业务场景、客户、营销等各个方面，比如在品牌特性上，B2C 业务需要不断地注入新要素，而 B2B 业务是相当稳定的。如表 3-1 所示。一个业务的成功经验对于另外一个业务可能不适用。这可能就是 B2B 和 B2C 难以共同取得成功的原因。

表 3-1 B2C 与 B2B 商业模式比较

模式	含义	备注
B2C	B2C 是 Business-to-Customer 的缩写，而其中文简称为"商对客"。"商对客"是电子商务的一种模式，也就是通常说的商业零售，直接面向消费者提供产品和服务；这种形式的电子商务一般以网络零售业为主，主要借助于互联网开展在线销售活动	B2C 即企业通过互联网为消费者提供一种新型的购物环境——网上商店，消费者通过网络购物、支付
B2B	B2B 是 Business-to-Business 的缩写，是企业对企业的电子商务模式，这种模式是将企业内部网通过 B2B 网站与客户紧密结合起来，通过网络的快速反应，为客户提供更好的服务，从而促进企业的业务发展	电子商务是现代 B2B 市场营销的一种具体主要的表现形式

一家公司，如果某一块业务做到了世界一流水平就可以说做得非常成功，这种世界级的成功也意味着对应这种业务的品牌内涵、思维模式、管理风格、员工素质和评价标准等取得了相当好的成绩，并在公司内形成了强有力的共识。当这种共识变成惯性，可能构成新业务成长的巨大阻碍。如果不解决这个惯性问题，就不可能打破 B2C 和 B2B 难以兼顾的魔咒。

深究这个魔咒，会发现至少有两点值得重视：首先是 B2B 与 B2C 存在天然的巨大鸿沟,在品牌定位、传播及经营方面都存在较大差异,要跨越这个鸿沟不容易;其次是通信巨头诺基亚和摩托罗拉曾经雄心勃勃地尝试在终端和设备两个方面齐头并进,但最终失败,已经成为B2B、B2C业务不能共存的典型案例。华为在电信设备业务上取得了巨大成功,然后想在终端领域创造辉煌,这让人不得不为华为的尝试捏一把汗。2011年,当华为将终端业务正式纳入公司的战略棋盘时,业界普遍的认知是,华为所进入的新赛道是一片红海,华为的组织基因、商业基因乃至文化基因都面临新赛道的巨大挑战。

华为能再次走出混沌,让我们眼前一亮吗?答案是肯定的。华为终端以"兵团作战"的群体英雄式的企业文化与"混凝土"式的组织管理机制,势如破竹地快速崛起,取得了令人眼前一亮的成绩。

二、根源在于打破管理"惯性"

让我们细细解读这两个值得重视的点:先看第一点,在世界一流的公司中,B2C业务和B2B业务很难兼容,是一个事实,但这是果而不是因,这并不能说明其他公司就一定不能成功。那么关键还看第二点,B2C业务和B2B业务的天然鸿沟是客观存在的,难道就一定要打通两者或者用一方覆盖掉另一方吗?有没有平衡或者兼顾的办法?

世界一流的公司B2B业务和B2C业务能不能兼顾?没有现成的答案。华为的做法是战略确定之前可以充分讨论,但是战略确定以后,必须坚定不移地执行。关于是否大力发展B2C业务,华为内部员工在2010年前后曾经历过多场激烈的讨论,包括2010年年底的"华为终端公司高管座谈会"和2011年的"华为三亚会议",在三亚会议上,公司提出了面向高端、面向开放市场、面向消费者的三个核心战略,正式形成了华为ICT的云管端战略,华为决定要兼顾B2B业务和B2C业务。

到了 2014 年，华为蓝军部长潘少钦在参加年度市场大会上总结道：首先，B2C 业务的品牌一定要和 B2B 业务解耦；其次，两者一定要保持相对独立的运作。华为断言，要破除魔咒，核心还是管理。华为终端公司通过世界品牌权威人士找到了一个"理论"，就是华为 B2C、B2B 业务花开两枝，需要找到一个共同的扎实的"根"，这个"根"就是华为勇于挑战各种"不可能"，华为找到自己未来会成功的理由，实现不可能。

华为还有一个做法，就是先行先试，边试边总结。因为战略能否实现，还要看执行情况，执行过程中要不断反馈。用后来华为蓝军（指的是华为战略管理部下设的一个专属部门，其职责是模拟竞争对手，研究如何打败华为）的话来总结：方向可以大致正确，组织必须充满活力。既然方向已经清晰，那就要真正按行业规律运作，要承认业务场景的差异性，并基于业务场景的差异性来思考和运作。必须要承认业务的差异性，绝不能搞简单的复制和迁移，而且要给新业务松绑，因为不同业务所需要的管理方式是不一样的。同时必须重视业务的差异性，B2C 业务的品牌一定要和 B2B 业务解耦。B2B 业务和 B2C 业务只有在自己的领域里勇于探索，敢于和同类型的公司充分竞争，且不受公司内部各种成规所束缚，新业务才不会被老业务所限制，从而走上新生之路。

三、华为终端"破局"

（一）关于终端这个名字

很多人都不知道终端一词是什么意思。确实，终端这个名字不好懂。终端，从字面上理解是末端，最后一环的意思。华为终端中的"终端"指的是通信终端，华为作为一家工程师文化浓厚的公司，取名字就是这么直接。

华为终端公司原来只是华为的配套产品线,从原来的不受待见发展到了后来的"神终端",无论是市场地位还是员工待遇在整个华为都是首屈一指的。

(二) 不受"待见"的终端

在华为内部,终端公司很长一段时间都不受"待见"。终端公司独立之前叫手机产品线,给泛网络做配套业务,属于华为新业务,2003年7月独立出来时叫手机业务部,2004年正式成立华为终端公司。在华为,并不是所有新业务都是好业务,因为有些新业务承担的是试错的任务,用华为人的话来说,要做好随时牺牲的准备。早期,网络要开局测试,会买一些终端设备进行测试,后来因为担心买来的设备质量不好,华为开始自己生产,这才有了终端公司独立的机会。在终端公司成立时,人员全部都是从泛网络调来的,那时候很多人不愿意来终端。

新业务缺人、缺资源是常态,终端公司成立的时候也就100多人,供应链部分不超过20人,包括领导和物流库房员工。终端公司很多部门都是独立以后发展起来的,包括供应链,与泛网络没有太多瓜葛,这也是无奈之举。2005年,终端公司获得手机生产资质,内部成立三大终端产品线,包括无线终端、手机和固网终端,产品线覆盖广,包括手机、数据卡、固定台、机顶盒等全系列通信终端产品,形成了较为庞大的阵容。

终端公司很长一段时间做的是运营商转售,俗称贴牌机或白牌机,不直接面向个人消费者。无论是手机,还是其他终端系列产品,相比于华为泛网络产品,利润都显得太少。以2008年华为业绩为例,终端公司收入达到40亿美元,同比增长82%。具体到产品,则是销售2200万个数据卡、3300万部手机、2400万个融合终端,发货量总计8900万个(部)。折算下来单个终端产品的平均售价约为300元,单价不高,利润率与华为主业电信设备比起来就差得太远。终端公司有着难以言说的尴尬。

出现这种尴尬的局面其实是有原因的。起初，终端公司在华为内部的定位并不清晰，算是公司的边缘业务部门，归属终端公司的产品线很多，但规模都很小，盈利能力较弱。同时终端各个产品线都是来自于主业的电信设备即后来的泛网络业务，华为当时也没有将终端公司列入主航道。2008年，当金融危机来临时，华为还曾想把终端公司卖掉，换取现金准备二次"过冬"。华为跟贝恩等私募基金谈判，准备以80亿美元的价格卖掉终端业务，由于种种原因，终端公司终于躲过一劫，否则后面就没有华为与苹果、三星三足鼎立的局面。

可是，终端公司也没有立即被重视起来，还是继续生产定制机。其实在2008年，终端公司在数据卡领域曾经大放异彩，当年卖到2000万台，单价达到200美元。可是由于数据卡只是过渡产品，准入门槛低，竞争优势难以持续下去。2009年年初，华为在西班牙召开的"世界移动通信大会"上首次展示首款智能手机，开始抢夺智能手机市场。2011年，华为智能手机C8500在中国区销量突破200万台，成为当年安卓（Android）手机冠军。可是因为没有主航道战略支撑，投入也不够，终端业务始终找不到爆发的节奏。

（三）大将余承东空降终端公司

华为终端公司这种情况一直等到余承东的到来，才有了大的改观。没错，终端业务破局的关键人物是余承东，而背后的推手仍然是华为创始人任正非。正是任正非敏锐地识别到终端业务要想破局，必须要空降作风强势的人物，才力排众议选定了余承东。

华为的"三亚会议"正式确定了，"端管云"策略，其中的重点就是发展终端业务。会议结束后任正非选中了以好打硬仗、功绩突出著称，同时在无线、市场、研发等部门都拥有深厚资历的公司 CMO（首席营销官）余承东。

2011 年年底，余承东正式调入终端公司，华为终端经过整合成立华为消费者业务 BG（习惯上仍称华为终端公司），开启了华为消费者 BG 的业务转型之旅。余承东不愧是大将，果然不负众望，很快将终端公司带上高速成长的道路（见表 3-2）。

表 3-2　终端公司发展的重大事件

时　间	重大事件
2008 年 10 月	终端公司险些被卖，蓝军报告提出"端管云"策略
2010 年 12 月	任正非与终端公司高管座谈，提出转型思路：放弃运营商定制业务，直面普通消费者
2011 年 11 月	华为"三亚会议"召开，确定终端业务发展策略：面向高端，面向消费者，面向开放渠道

第二节
华为终端的快速崛起

核心竞争力对一个企业来讲可以存在于多个方面，技术与产品仅仅是一个方面，管理与服务的进步远远比技术进步重要。十年来公司深深地体会到这一点。没有管理，人才、技术和资金就不能形成合力；没有服务，管理就没有方向。

（节选自《创新是华为发展的不竭动力》，任正非讲话，2000 年）

第三章 转型：华为从 B2B 到 B2C 的供应链成功要素

一、迈向新赛道

余承东在来到华为终端公司之前，其实是个技术高管。1993 年，余承东从交换机研发人员做起，到后来牵头创建无线通信部门，很长一段时间都是跟技术打交道。余承东在华为内部名气很大，主要是因为功劳巨大。在华为内部有"圣无线"之说，指的是原本亏损的无线部门，硬是被余承东带到盈利。然后余承东去欧洲做地区总裁，把常年亏损的欧洲地区业务也做到盈利，将华为带到运营商网络领域的世界第一。

真实的情况是，余承东每一次"吹牛"都是要"打草稿的"。只不过这个草稿的背后，需要华为终端公司强大的团队支撑，需要科学、合理和具有前瞻性的信息分析和判断能力，也是余承东本人对手机行业超于常人的洞察力和前瞻性的体现。每一次余承东的"吹牛"，都是需要强大的研发能力、市场营销能力和供应链整合能力来兑现。当然余承东也有判断不是很准确的时候，但是业界没有多少人有他这样的判断力，从这个意义来看，余大嘴更应该叫"余诚实"。

俗话说，是骡子是马，要拉出来遛遛才知道。余承东是一个不按常理出牌的人物，当然，如果按照常理出牌，那就不是余承东了。

面对华为终端公司的难题，余承东新官上任，很快"烧了三把火"，然后接连"砍了两刀"。

第一把火：融合产品线，把产品划分为 D、P、G、Y 四个系列；

第二把火：取消贴牌机，建立华为自有品牌，把华为 Logo 印上手机；

第三把火：加强软件和外观设计，产品不再为运营商服务，而是关注市场。

第一刀：2012年年初，余承东毅然决定砍掉了大量运营商贴牌手机和非智能手机，坚决向智能手机和自有品牌转型。

第二刀：2014年下半年，将华为手机的机型数量缩减80%，从而告别规模战。华为需要在两种模式中找到自己的定位，一方面做好产业链的垂直整合，另一方面做好软硬一体化。

余承东烧出的三把火，基本上确立了华为手机未来的战略方向和目标。而砍的两刀可谓是壮士断腕。第一刀直接导致终端公司年出货量一下子就少了3000万台，营业收入急剧下滑。而第二刀砍下去的时候，余承东已经主政终端公司三年，华为消费者业务2013年营收首次突破90亿美元，仅智能手机年出货量就达到5200万部，居全球第三位，盈利能力取得突破。在形势一片大好声中砍下第二刀，下大力气缩减大批机型，更显示出余承东对手机转型时机敏锐的洞察力和坚强的意志力。

三把火烧下去，两刀砍完，业界开始惊呼，华为终端业务的余承东时代来临了。的确，余承东带领华为终端公司开启了高歌猛进的崛起之路，这注定要被铭记在华为的历史丰碑上。

二、终端公司发展的四大阶段

余承东带领下的华为终端公司在手机业务上攻坚克难、势如破竹，取得的成就有目共睹。但是也不能忽视华为终端公司前期的努力，跟伟人的成功是站在巨人的肩膀上是一样的道理。终端公司从成立之初的不足百人，艰难起步，逆流而上，到2018年已经占据华为业绩的半壁江山，因此很有必要回顾华为终端公司自成立以来的发展历程。总结起来，可以分为四大阶段。

第一阶段：探索期，1998—2003 年

华为终端消费者业务经历了曲折的发展历程。早在 1998 年，华为就尝试过手机业务，当时正值 PHS 小灵通兴起。由于技术、质量和价格上缺乏优势，更重要的是经过公司的战略判断，华为选择了放弃。同时放弃的还有 CDMA 业务，重点投入的 3G 业务迟迟未见效，2002 年的销售业绩出现了负增长，华为陷入自成立以来最严峻的困境，用任正非的话说就是"公司差点崩溃了"。

2003 年，华为成立手机业务部，决定进入终端业务领域。这一次算是华为陷入低谷期后的一次尝试，却帮助华为打开了新的增长点的大门。

第二阶段：初创期，2004—2010 年

2004—2010 年，华为坚持主航道战略，强调"为航空母舰保驾护航"。正如任正非所说，华为手机是为华为技术系统配套服务的，依据运营商要求为运营商生产定制手机，尽可能控制成本、降低价格，因此大部分手机上没有华为的标识，直接以运营商的品牌出售。无广告、无 LOGO 使华为手机的市场知名度难以打开。从 2007 年开始，华为数据卡销量连续五年达到世界第一，在欧洲、美国、日本等市场攻城拔寨，稳占全球第一，市场份额超过 55%，数据卡售价一度达到 200 美元，这帮华为终端公司撑过了那最艰难的几年。

依靠运营商的渠道优势，华为手机在 2007 年出货量达到了 2000 万台；2008 年成为 CDMA 定制手机全球第三大供应商；2009 年出货量超过 3000 万台。但贴牌生产的利润微薄，使得华为手机业务在公司整个业务体系中处于边缘地位。且手机市场竞争异常激烈，苹果 iPhone 系列手机引爆全球的智能手机市场，韩国的三星手机紧随其后，国内手机生产企业中兴、酷派、联想

也发展迅猛。在 2008 年全球金融危机时,华为甚至考虑过要出售华为终端公司。

第三阶段:转型期,2011—2015 年

这一次的转型,实际上是华为面临危机时的战略抉择。战略转机来自 2010 年,这一年华为进军美国主流通信市场受阻,这意味着在通信设备供应领域的增长乏力,任正非决定向终端消费者领域进军。在 2010 年 12 月 3 日召开的有 200 多名高管参加的座谈会上,任正非对终端公司重新定位:明确华为终端公司的客户是最终消费者,确定消费者业务与运营商管道业务、企业网业务一起成为华为的三大业务领域,强调要做华为品牌,着力在手机终端上进行研发和品牌渠道建设。任正非表示:"我们不是防守,我们是进攻者。只有进攻才可能成功,防御是不可能成功的……现在要改变我们以前不做品牌的策略"。这次会议确定了品牌和主动进攻的战略,影响深远。

2011 年 11 月,华为在三亚召开会议,正式提出"云管端"的新发展战略,手机终端业务被清晰地确定下来。任正非决定由曾取得过辉煌战绩的余承东出任终端公司董事长。任正非认为余承东"能抓大放小,有战略眼光"。当年年底,华为将公司面向消费者的业务以及芯片业务整合在一起,成立消费者 BG。战略变革、组织结构调整、选择"统帅",开始了华为终端消费者业务的腾飞之路。

第四阶段:崛起,2016 年至今

余承东曾在新年致辞中提到:2014—2015 年为生存而战,华为终端公司活了下来,连续推出 P6 和 MATE7 两款市场大热的旗舰机型,一举奠定了市场地位,华为自主研发的 Kirin 麒麟芯片开始被应用于高端手机。2016—2017

年为崛起而战,其中 2016 年凭借 M 系列和 P 系列手机在中国市场进一步扩大了整体领先优势且在高端市场竞争中获取了更高份额,海外市场增速首超国内,尤其在欧洲区域实现了规模翻番的高速增长。

2017 年意味着要上一个更大的台阶。2017 年是精细化运营的变革年,一切以利润为中心。2017 年,华为与荣耀双品牌并驾齐驱,坚持精品战略,实现全球规模化发展,合力形成全档位明星产品的超强矩阵,用户满意度和忠诚度大大提升。旗舰产品 HUAWEI P9 系列和 Mate 9 系列全球发货量都突破了 1000 万台。HUAWEI nova 2s 上市后深受年轻人的喜爱,快速赢得消费者口碑。华为消费者业务 2017 年实现销售收入 2360 亿元左右,规模较 2016 年同比增长约 30%。2017 年,华为与荣耀品牌智能手机全年发货量为 1.53 亿台,中国市场份额保持第一,全球份额突破 10%,稳居前三名。

2018 年是终端公司崛起的元年。2018 年前三季度,华为智能手机出货量上升至全球第二名,突破 2 亿部大关,同比增长近 50%,较目标提前一年跨越了 500 亿美元营收的大关。在海外高端手机市场也逐步崛起。2018 年以后的华为终端公司用实力证明,2C 业务作为华为新的机会点,成长力巨大。

三、华为终端 2C 转型成功的六大要素

从 2003 年华为手机业务部成立,到 2011 年终端公司开启 2C 转型征程,再到 2018 年,终端公司走过了 15 年的风雨历程,自不足百人艰难起步,到华为三大 BG 之一,至逐步成为华为公司主要增长点之一,华为品牌进入了全球知名的品牌行列。

尤其是 2012 年终端公司转型以来,连续七年保持高速前进,从落后者到追赶者,再努力成为超越者,业界公认华为消费者业务已经崛起,正在走向

消费者业务的世界之巅。在华为内部，终端公司也从不受待见的"弱终端"，发展为占据华为业绩半壁江山的"神终端"。

有能力才有未来。华为三亚会议提出：华为消费者业务竞争力的起点和终点都是最终消费者。华为消费者业务未来的路必须要靠各领域核心能力的积累去实现超越。华为终端业务围绕零售、产品渠道经营、品牌营销、技术创新、生态系统、用户经营、云服务、人工智能、供应链、流程IT、精细运营等各领域持续构筑体系化能力，其中产品、用户经营、品牌营销、渠道经营和生态系统和供应链更是华为终端业务成功的六大核心竞争要素。如图3-1所示。

图3-1　终端六大核心竞争要素示意图

终端业务脱胎于泛网络业务，2003年底手机业务部成立时，从泛网络转过来的几十号人和一定的发货量，发展到2018年终端业务占据集团半壁江山，在手机业界进入全球TOP3行列。这背后的重要因素正是终端供应链的异军突起、后来居上，无论是规模、体量，还是业务模式和方法工具，终端供应链都有独到建树。

第三节
铸就终端钢铁供应链

故事 一亿部手机

从官方数据来看,2015年,华为手机实现全球出货量1亿台,是12月22日,历时355天;2016年10月14日达成该成绩,历时287天;2017年9月12日达成,历时254天;2018年7月18日达成,历时198天;2019年5月30日达成,历时149天。从这份数据来看,华为手机1亿出货量所用时间越来越短,从将近1年缩短为不到半年,终端公司用5年不到的时间向华为提交了一份漂亮的成绩单。

2003年,终端公司成立的时候不足百人,其中供应链部门不超过20人。时至今日,终端公司供应链部门发展到约1000人,形成了一支功能完整、有成功作战经验的队伍,支持着华为手机年发货量超过两亿部,销售业绩超过500亿美元。

一、终端供应链的前世今生

华为终端公司成立之初,终端供应链部门名为终端供应部,因为当时采购、运输等环节还在泛网络供应链。当时的终端供应链还不是端到端全覆盖,因此只能叫供应部。

实际上,终端供应链早期缺的不只是两个环节。自成立以来终端供应链面临各种困难，用一句话总结就是底子薄，能力弱。底子薄指的是终端供应链成立时间较晚，各种资源不足，连办公场所都是租借的，成立15年，办公地点搬了五次；能力弱指的是缺乏专业人才，包含领导和一线作业员工，当时从泛网络公司转过来的二十几个人，无论是学历、能力还是经验，与泛网络老大哥相比，差距很大；当时华为的泛网络业务早已是世界第一，而终端业务一直是配套业务。因为当时终端公司起步晚，迟迟没有盈利，终端供应链更是难以出头。同时终端供应链的流程IT系统非常薄弱，自身能力不足，加上公司投入有限，成为供应链发展的明显短板。

即便条件如此艰苦，但是终端供应链一方面依托大公司平台，主要是采购和运输平台，另一方面发扬华为人敢打敢拼的特点，力求能力不足，努力来补，短短五年的时间，终端供应链对内提升自己的专业能力，对外不断获取资源、引进先进方法和工具，获得了长足的进步。更重要的是，供应链所在的终端公司背靠华为这棵大树，同时业务相对独立，既有大公司平台资源的优势，又有创业公司的快速灵活、决策链短的特点。终端供应链没有染上大公司病，与手机等终端产品特点相结合，形成独有的短、平、快、高度灵活以及重结果的工作风格。

难能可贵的是终端供应链没有因为基础差而自暴自弃，而是身段更为柔软，作风更为坚韧。实际上终端公司深刻地认识到，作为长期徘徊在主航道边缘的供应链部门，本来就起点低、底子薄，只有保持更加开放的心态和持续地学习，才可能迎头赶上。绝大部分时间，终端供应链都在埋头苦干，做好核心能力和管理体系建设，逐步实现供得上、供得快和供得好，逐渐走出一条适合终端产品、具有终端特色的供应链管理之路。所谓沧海横流，方显英雄本色。实际上，供应链在公司扮演的角色就是幕后英雄，唯有遇到大事情，比如不可抗力因素，比如"断供事件"，供应链的铁军形象才彰显出来。

终端供应链的成长史可谓是一部鲜活的对标学习史。成立之初，终端供应链到处拜师学艺，敢于学习一切先进事物，为我所用。早期华为进入 PHS 小灵通领域，由于缺乏制造经验，于是到处拜师学艺，包括产业链下游的各类代工企业。在终端公司手机起步时，连某 EMS（电子代工服务）企业都看不上，不愿意合作，即便勉强同意合作，最初安排的也不是最强的事业部，没有提供最好的生产环境和设备。

华为终端公司，一方面全方位与当时世界一流手机品牌的 EMS 厂商合作生产手机，另一方面大量引进手机 EMS 厂商有经验的制造人才。2012 年以后，华为手机开始全面对标三星和苹果，开始确立"交付学三星，质量学苹果"的目标。经过短短数年的努力，终端供应链形成全方位的竞争优势，有力地支撑华为手机业务大扩张，让华为手机不仅在国内傲视群雄，而且一举进入世界前列。

二、终端供应链的神助攻：从短平快的交付到敏捷高效的供应链能力

故事　百万奖金

2013 年，华为手机在市场上还不起眼，无论是品牌还是市场占有率，都被排行榜归入"其他"之中。但此时，华为已经决定转型，由功能机向智能机转型，并要树立自己的品牌。当时经常出现的现象是华为的新手机上市一个月了，客户还拿不到货，抱怨声很大。原因在于华为还不敢囤货，深层原因是产品研发还没取得突破，研发与供应链的配合也不够顺畅，还在被各种问题困扰。

为破智能机供应的困局，2013 年年初，终端公司成立公司级的 P6（新款手机型号）交付项目组，破天荒地在单个项目组设立百万元奖金，公司每卖一台 P6 奖励项目组一元。P6 产品的开工会，与产品交付相关的产品线、采

购、订单、计划、EMS管理部等的业务骨干和管理者都被叫到松山湖现场进行专题研讨。会上按照业务领域分组进行讨论，识别出超过100个问题，多是终端公司做手机以来从未遇到过的棘手问题。比较突出的是两个问题：一个是新产品引进的超薄工艺，存在较多的瓶颈工序，会导致生产效率较低；另一个是公司没有早期备货，通常是产品上市以后，当销售达到一定量以后才忙着备货。

手机的高端机型，要取得任何一点突破，难度都是巨大的。例如，P6的后盖要挑战0.3毫米的厚度，因为太薄，制作力度稍微掌握不好，里面的焊盘就会透出痕迹来。另外，手机都会同时有几家主力的结构件供应商，而这些供应商还有十多家二级供应商，二级供应商还可能再外包出去，整个流程很长，因此想要保证质量，就要尽可能将所有的供应商都关注到。为此，终端研发部门联合制造部门，经过反复研究才能突破生产工艺，达到批量生产要求。

在P6产能布局方面，采购、产品线和计划三个环节陷入争执。采购CEG认为P6作为新产品，在市场还不明朗的情况下产能布局要慎重，不宜多增加EMS工厂，有两家同时备货就足够。而产品线认为，华为手机在连续试水多次以后，P6在前几代产品基础上进行了多项性能改良，且拥有超薄外观，市场需求可能会爆发，产品必须要准备充足。作为供应链中枢环节的计划（部）则提出，P6的计划量已达数百万，同时产品有设计爆点，考虑到市场追加，可以实行以自制工厂为主，再设立一家主力EMS工厂，同时新引入一家EMS工厂作为备份，这样既可以满足计划量，当市场追加需求的时候，又可以在两周内快速启动产能扩充。由于没有历史经验可以借鉴，项目组决定先行先试，对达成一致的问题迅速落实，当前先按两家备货，等到首批产品交付后再视情况来决定。

首批供货以后，消费者对 P6 的超薄工艺大加追捧，计划量立即追加 100 万台。P6 的产能布局立即被调整过来。随后计划部与采购 CEG、EMS 管理部和产品线等环节，快速赶往需要备份的工厂进行产能扩充，自制工厂和 F 公司的经验得到快速复制，三家工厂同步供货，为 P6 迅猛的市场需求提供了强有力的产能保障。

当年发货量超出原定目标 50%，成为公司当年销量最高且利润最高的手机产品。

P6 的成功完全打通了供应链内部各环节，并与研发、销售等环节形成完整的交付模式。P6 打开局面以后，随之而来的是华为 MATE7 在德国柏林举行发布会，大获成功，一举奠定了华为高端手机的地位。

产品生命周期指的是产品从准备进入市场到退出市场的全部运动过程。手机产品的生命周期包括产品的导入期、成长期、成熟期和衰退期，对应到供应链的策略，则分别是产品试制阶段，早期上市阶段，量产交付阶段和清尾退市阶段。

（一）短、平、快的交付

近年来，手机市场上消费者需求明显呈现出多元化、新颖化和快速变化的特点，消费者尤其重视体验感，使得手机更新换代的速度越来越快。与此同时，手机行业加速洗牌，市场竞争加剧，头部企业正在完成市场地位的占领，中小企业逐步退出市场，产品五花八门，快速迭代的情况越来越明显。手机产品集成了大量的电子电器的新技术、新工艺和新材料，加上企业不断加快新产品的研发过程，新产品问世的速度不断加快。实际上，手机更新换代的周期已经由原来的两三年以上逐步缩短为 18 个月，部分产品甚至上市半年不到就面临退市的结局,产品生命周期缩短化趋势越来越明显。

智能手机时代来临以后,手机市场需求的快速变化,以及产品生命周期的缩短,给供应链带来了极大的挑战。华为供应链为解决这个难题,首先是采取的是"兵来将挡,水来土掩"的策略,总结出终端业务的"五快"规律,如图3-2所示。全面推行短、平、快的打法,实施快速响应和快速交付,取得了很好的效果。2010—2015年期间,华为手机发货量从300万台增长到1亿台,五年时间,智能手机发货量增长了30倍。华为成为中国第一家、全球第三家智能手机年发货量过亿的厂商。1亿这个数字也意味着,华为每一秒就要发货3部智能手机。在此过程中,终端供应链全力保障发货,功不可没。智能手机如此迅猛的更新速度,客观上也使得终端供应链必须从游击队作战跨入集团军作战的时代。

图3-2 终端业务的"五快"示意图

手机产品向来以短、平、快著称,供应链须打造"高效、快速、柔性"的交付能力,为产品快速占领市场并做到快进快出,以及取得商业成功提供强有力的支撑。

快速响应:保障产品量产后的海量交付需求,包括各类紧急需求、临时需求和定制需求。

快速爬坡:保障产品试制速度,形成快速导入能力,保证产品质量稳定和设备产能的快速提升。

快速上量：支撑多家工厂和多条生产线同步快速复制，保障产品上市的首批、首月和首销铺货能力。

快速齐套：保障产品的各类产能资源齐套到位。

快速清尾：确保产品退市阶段产品快速清尾和新旧产品重新布局的快速切换，实现快进快出。

（二）构建敏捷高效的供应链能力体系

进入2015年以后，随着手机产品日新月异，市场竞争日趋激烈。华为手机面临的竞争对手已经不再是之前国内的竞争对手，而是世界级的巨头，且它们都已经在手机行业耕耘多年，头部企业的互相挤压现象非常明显。随着华为的手机销量迅速增加，尤其是进入"亿台发货俱乐部"以后，终端供应链面临的产品复杂度、需求多样化以及订单履行的难度呈现数量级的增加。

同时手机销量增大以后，终端公司面临的供应连续性风险压力也会陡增，终端供应链以往短、平、快的打法已经难以适应新形势下的要求，越发显得捉襟见肘。实际上，在终端公司飞速发展的进程中，局部的供应链堵塞已经开始显现，倒逼华为终端供应链再次进行升级。供应链主动识别问题，主动破题，敢于挑战不可能，构建起了一整套敏捷高效的供应链能力体系。

故事 三星手机屏断供事件

2012年，华为P系列的第一代产品P1就是在CES（国际消费类电子产品展览会）上发布的，该机采用的是三星Super AMOLED屏幕，分辨率达到960×540，机身最薄处只有7.69毫米，搭载最先进的双核处理器，再加上外观设计非常出色，屏幕效果也很惊艳，所以该机发布之后立刻引起市场的强烈反响。不过华为 P1 在上市一段时间之后就没了消息，虽然市场上求购的人很多，但是买不到现货。没多久，曾经引起话题的华为 P1 就被人们淡忘了。华为 P1 的折戟原因到现在还没有一个定论，但不少业内人士认为：当时三星认为华为 P1 威胁到了自家的产品三星 S2 和即将上市的 S3，因此限制了对华为 SuperAMOLED 屏幕的供货，导致华为没有屏幕可用，不得不停售这款手机。

2016 年华为推出了 Mate 9 和 Mate 9 Pro。其中华为 Mate 9 Pro 采用三星提供的 2K 分辨率 SuperAMOLED 屏幕。当时华为自研的麒麟 960 性能非常出色，几乎赶上同期的高通骁龙处理器，华为 Mate 9 也打出了"18 个月不卡顿"的口号。然而在华为 Mate 9 Pro 上市没多久，三星就故伎重施，减少了对华为的屏幕供货，导致华为 Mate 9 Pro 在后续很长一段时间内都无货可卖。

有数据显示，三星一度控制全球超过 90% 的智能手机 OLED（Organic Light-Emitting Diode）屏幕市场，而三星有个"坏习惯"，当手机遇到挑战与竞争时，往往从零部件供货上动手，当年曾风靡一时的 HTC 手机（曾生产世界第一部安卓手机）就吃过大亏。

正所谓"事不过三"，连续两次掉入手机屏断供的"坑"以后，华为终端公司开始痛定思痛，花大力气着手改造和升级供应链。

1. 实施产业链协同

华为终端公司着力与供应商建立产业链协同，按照品类管理，形成包含终端关键器件和部件的一整套供应商管理体系，分为合格供应商、核心供应商和战略供应商。针对战略器件和部件，华为都尽量做到自研或者扶持国产供应商，以防被国外供应商卡脖子。不再依赖某一家供应商，当不能自主生产的时候，学会制衡强势对手，扶持备份和竞争对手。如果对方合作成本超标、风险不可控，放弃合作，另寻他途不失为明智选择。

华为终端公司对生态和合作伙伴的态度也在发生积极的变化，与供应商和合作伙伴利益共享，打造多方共赢生态圈，通过做大蛋糕实现开放环境下的自身增长正在成为公司的现实选择。

2. 破除早期上市难题

终端供应链主动联合研发部门和市场部门，找出手机交付规律，逐步破除早期上市的难题。华为手机曾经对标过苹果，发现苹果敢于提前铺货，上市前整机囤货动辄一两百万台。而相比之下华为一直面临上市即缺货的窘境，等到生产量起来以后，市场热度已经过了，有时候某一两款机型敢于备货，却由于市场预测没做好，不小心又成为积压库存。

为此，华为终端供应链联合研发部门和市场部门，将历史发货机型进行全方位复盘，识别到关键规律：第一，新产品上市早期的发货量是重点，占据整个产品生命周期的三分之一，个别产品甚至占到一半；第二，新产品上市是有节奏的，第一周以及第一个月的铺货非常关键，决定未来两三个月的走势。

基于对以上交付规律的认识，终端供应链成立了早期发货联合改善项目组。首先是改善产品预测到计划再到排产这条链，把之前按月管理改为按周管理，把两周以内的改为按天管理，这样让计划准确率大为提升。精准精细的计划相当于靶心明确，使得各环节的执行也越来越到位，执行力度也大为提高。与此同时，研发部门和供应链集中精力投入新产品试制以后到上市后的首月，这段时间正是产品问题集中的关键时期，也是决定产品能否快速复制的关键时期。研发、NPI（新产品导入）、工程、质量等各部门集中到现场解决问题，问题的代际管理也得到系统详细记录。从产品到产品系列，从工厂再到另一家工厂，生产复制能力大幅提升。新产品首月备货量从原来的不敢备货，到备货 20 万台，再到破 100 万台，部分机型达到 200 万台以上，实现了质的飞跃，有效地支撑了手机产品的早期上市。

3. 缩短供应链管道

所谓天下武功，唯快不破。无论是新产品上市阶段，还是后续量产交付阶段，供应链运作周期和供应链运作管道长度都是供应链交付速度的直接体现。供应链运作周期中最难改进的是实物流周期，实物流周期最关键的是制造周期，所谓制造周期是指产品从开始投产到成品产出入库的全部时间，是制造能力的象征。

华为终端供应链认为制造周期的改善犹如抓住问题的"牛鼻子"，可以达到牵一发动而全身的效果，通过聚焦制造周期的改善，可以较大幅度强化制造能力，进而提升整个终端产品的供应链竞争力。

为此，制造部门通过价值流分析，全面实施一系列缩短周期的管理手段：实施"一个流"生产，改善瓶颈工序、减少工序间的搬运和等待；稳定生产过程，改善物料来料，通过安灯系统快速处理现场异常问题，定时定量管理产出达成；缩短排产提前期，缩短生产指令的处理周期、物料发料到生产线的配送周期；实行拉式叫料，精细化管理生产指令，将排产从天进一步细化为班次以及小时……制造周期的持续改进，带动了华为终端生产制造、交付能力的齐头并进，这又为计划的准确和稳定提供了强有力的保障，形成良性循环。

4. 优化供应模式

2015 年，终端公司中国区尝试过推行 STO（现货生产）模式，但占据一大半的海外终端产品的生产仍以 MTO（订货生产）模式为主。终端供应链敏锐地发现，产品交付特点在变化，以往的运营商转售被消费者需求全面取代。海外开始重点推行 ATO（订货组装）模式，半成品按照预测驱动，同时将客户定制后移，供应链运作周期大幅度缩短。

终端公司形成以 STO 和 ATO 为主，MTO 为辅的供应链模式，打破原有单一的模式，形成多种供应链交付管道，满足各种产品交付。具体而言，需求稳定、批量较大的，采用 STO 模式，按预测来生产；需求较稳定、批量较大的，采用 ATO 模式，在零部件层面按照预测来采购，在成品层面由客户订单驱动；需求变动大、批量很小的，完全依赖客户订单驱动，而且尽量把需求向 STO 和 ATO 引导。

三、终端供应链的自我革新：从跟随到牵引

华为终端公司没有赶上 2000 年左右手机发展的第一波浪潮，在这波浪潮即将结束时，华为才开始进入手机领域，也还算抓住了机会，但是过程很曲折。终端供应链与终端公司一样，走过的也是一条从跟随到牵引的发展道路。总的来看，终端供应链经历过四个阶段：

第一阶段：终端适配

2003 年成立之时，终端供应链仅有不到 20 人，全部是从泛网络公司转过来的，因此早期终端供应链几乎是全面学习泛网络的供应链，包括流程、IT 和各种管理方法。由于人员和专业素质有限以及硬件条件的限制，终端供应链早期学习泛网络是照葫芦画瓢。

2006 年，终端公司开始将 ERP 系统切换出来，进行独立运作。基于泛网络的 ISC 变革成果，终端供应链成立专门的流程优化项目组，开展流程活动盘点，全面梳理出适配终端的供应链流程架构和流程文件，并初步建设订单的 WOSP 系统、物流的 SPS 拣料系统和 DMS 发货系统。

第二阶段：旋转寿司

进入 2008 年，终端公司的业务开始有明显的起色。终端供应链业务开始

调整，端到端交付在组织上的断点和盲区被打破。采购部门从平台划入终端供应链，与终端业务相关的运输清关业务虽然还保留在泛网络公司，但是被整合成独立的部门，专门支持终端业务。由于数据卡等业务的壮大，终端供应链认识到计划和订单的重要性，着手改善计划、订单业务流程和模式。2009年上半年，原终端供应部与采购等部门整合，成立终端集成交付管理部，作为端到端的终端供应链管理部门。

组织整合以后，终端供应链部门又开始进行进一步的业务变革。这一次终端供应链受到日本料理旋转寿司的深刻启发，旋转寿司的特征是食物伸手可拿，不用留太多库存，客户体验还很好。计划相关部门启动"3+3"模式，实施半年S&OP计划，前3个月计划要求做到准确，后3个月作为预测参考；订单相关部门改善订单承诺和履行流程，全面建设海外交付组织；物流领域开展收存发的效率改进，重点推进物流费用降低以及打通物流运输最后一公里等工作。以旋转寿司为依托的业务变革打开了主动改进的窗口，终端供应链开始全面总结终端产品和行业特点，这为以后形成独立的终端供应链管理体系奠定了坚实的基础。

第三阶段：蓝海变革

2012年，智能手机时代来临，华为终端公司开启2C变革。此时，供应链面临极大的压力，一方面是市场需求变化越来越快，产品生命周期也趋于缩短，另一方面是终端公司发货规模在高速增长，供应链需要进一步改造升级。2013年年底，终端公司引进一位原索尼爱立信全球集团副总裁及运营总裁担任华为消费者业务集成交付部总裁，全面负责华为终端产品的集成交付业务，包括全球采购认证、集成计划、生产制造、订单管理、物流交付等。

外籍高管进来以后，开始推进名为蓝海项目群的供应链变革。所谓的蓝海，指的是未知的市场空间，企业要启动和保持获利性增长，就必须超越产业竞争，开创全新的市场。蓝海的提法正值终端公司崛起的关键时期，也是华为正要穿越手机市场的红海，登上世界舞台的关键时机。蓝海变革主要是推行计划领域 APS 高级计划系统上线，优化 S&OP 计划能力；订单领域推行 ATO 模式，订单承诺全流程可视化，建立全球区域 HUB 仓，以及优化合同处理流程等；并构建荣耀电商供应链能力。

第四阶段：CISC 变革

三星导致的两次手机屏幕断供事件成为 CISC（即 Consumer Integrated Supply Chain，即终端业务的 ISC 变革）变革的直接原因，2015 年泛网络公司重新启动 ISC 变革，使得终端供应链变革再次提上日程。如果说前两次的旋转寿司和蓝海变革仍然是对 ISC 变革的修修补补，那么作为终端版的 CISC 变革就是对供应链进行大刀阔斧的重构。

CISC 的思路是建设主动响应的供应链，从内部集成扩展到外部集成，致力于打造手机产业生态链。终端供应链同时在计划推行大数据和智能排产，在物流全面推行智慧物流，在制造环节实施智能制造，目标是全面变革供应链，从硬件的牵引到技术的牵引，最终实现管理的领先。

经过四个阶段的重大变革，终端供应链打造了强大的人才梯队和厚重的体系化能力，逐步迈向世界一流的供应链行列。无论是供应链最为重要的效率、质量和成本等核心结果指标，还是计划准确率、周期等过程能力指标，终端供应链均取得突破性进展，并且经历过"516 事件"的艰难考验，构筑成了名副其实的"钢铁"供应链。

扩展阅读：

《迈向新赛道的长跑，一往直前》余承东与消费者内调人才座谈讲话摘要，2018 年 9 月 19 日（请读者自行在网上搜索。）

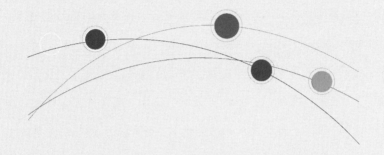

第四章

再造:
华为供应链的流程、IT 与运营

> **故事**　流程活动盘点

流程活动盘点发生在2007年，此时距离华为终端公司成立已经有3年。终端公司的业务已经趋于稳定，但是流程运作却不断出现新问题。终端公司成立的时候，直接照搬泛网络公司的流程，经过一段时间的运作，业务场景与流程不适配的问题越来越突出。一个典型的例子就是，泛网络设备安装需要的工勘动作，终端产品根本不需要，工勘动作竟然在终端产品的合同处理环节中堂而皇之地存在。类似的情况不在少数，使得终端供应链流程效率不高。

为解决这一根本问题，终端供应链成立流程梳理项目组，特别邀请泛网络的流程专家来做指导。终端供应链从基层到高层，几乎所有环节都被加进来。希望按照规范的流程优化方法，自上而下全面梳理，实现终端流程再造，然而，情况不理想。

经过一个月热火朝天的梳理，不仅没有取得预期效果，反而导致业务部门怨声载道。原来，自上而下的梳理只是套用流程方法，对具体业务场景和实际操作考虑得较少；另外，这时候正值终端业务高峰期，业务部门人员本来就很忙，还要学习流程管理的新方法，根本忙不过来；最关键的是，这种方法见效慢，大家逐渐失去了耐心。

此时，到了物流部门一年一次的年终盘点。项目组的一位物流主管受到启发，既然自上而下的传导不行，何不参照物流盘点，从实际业务出发，对最基础的流程活动进行盘点。做到不多不少、不重不漏。没错，流程也可以盘点，而且流程盘点这个提法简单轻巧，容易理解，容易推行。

于是项目组决定采取新的流程梳理方式。首先供应链每个领域重新确定三到四个成员作为金种子选手参与进来，每个领域选取一个流程作为试点，先打样再复制。同时改变之前由专家主导的方式，改由业务部门自己主导盘点，专家提供流程的方法工具，并在框架上做规范，具体做法是：第一步，从业务开始，把所有流程经历过的节点全部梳理出来，盘点业务流程活动；第二步，将每个流程活动按照流程六要素画出来，并画出输入输出、工具模板；第三步，按照业务顺序，参照输入输出，将盘点出来的流程活动串联起来，连接成流程，并在中间做好衔接。

经过改善后的流程梳理组织和方式，大大激发了参与者的活力和主动性。供应链各领域在一周内就完成了试点流程的活动盘点，加上专家的流程方法辅导，很快就将流程画了出来。经过专家团队评审，供应链的订单、计划、采购、制造和物流各环节都完成了试点流程的盘点、梳理的新成果涌现出来，激励着大家尽快复制和迁移到其他流程。

经过半年左右的流程活动盘点和梳理，终端供应链完善了供应链五大领域中的各级流程近50个，组织编写流程文件、规范和指导书超过100份。同时，在此过程中，终端供应链结合实际业务场景，总结出区别于以往流程优化的新方法，即流程活动盘点。

流程活动盘点基于业务场景，大致的做法是按照流程活动六要素，自下而上逐个将流程活动进行展开，画出输入输出的表单和工具，然后按照业务流将各个流程活动串联起来，形成完整的流程。流程活动盘点简便可行，经过这一轮密集的流程梳理以后，终端供应链管理团队的流程化思维得到了空前的强化，在梳理过程中培养了一批金种子选手，这些人后来都成为业务专家或者管理者，是终端公司的顶梁柱。

在华为内部，曾流行一个经典说法：进入新部门，必须要从流程、IT 和组织入手，而且顺序不能搞错，先是流程，然后才是 IT 和组织。

粗看，这没什么特别之处，然而细究起来，才发觉这其实是一种典型的流程化思维。学会用流程解决问题，先从业务流程切入，而不是熟悉人或者其他，其中的差异就是流程化思维与传统思维的差别。1998 年开始的华为 ISC 变革的重要目标，就是建立华为的集成供应链流程，以及培养起一批具有 ISC 思维的金种子选手。华为供应链应用 IBM 的流程化思维，结合华为实际业务场景，构建起一整套华为的供应链流程、方法和工具，进而支撑华为形成自己的管理体系。这套管理体系成为华为开疆拓土的重要武器，为华为创造了巨大效益。

任正非曾说过，坚持以流程优化为主题的管理体系建设，不断优化流程，让它无限逼近合理。正是秉承这种无限逼近合理的流程理念，经过 20 多年的发展，华为供应链的流程化思维已经深入人心，可以说是事事有流程、人人遵流程、处处见流程。考虑到华为供应链的流程、IT 和运营都是基于华为公司整体框架而设计和实施的，因此下面会先简要介绍华为公司的情况，再来进一步呈现供应链的特性。下文中 IT 指的是 IT 行业或者业务范围，IT 系统指的是 IT 的载体，IT 思维指的是 IT 思维方式。

第一节
华为的流程运营基础

企业发展到一定阶段都要解决一个问题：如何摆脱对人的依赖，实现从人治到流程治理的转变，用确定的管理规则来应对未来不确定的市场环境。

第四章 再造：华为供应链的流程、IT 与运营

华为也遇到了这个问题，那么要靠什么来解决这个问题？要靠管理，要靠流程。建立流程化的组织，才能使华为公司基业长青。必须搞清楚业务、流程和 IT 的关系，搞清楚流程对于企业管理的价值，然后才有可能形成流程化思维，让公司走向流程治理的新阶段。

一、华为高管费敏和徐直军对流程、IT 和运营理解

关于流程治理，华为有两位高管费敏和徐直军分别写过文章，这两篇文章是关于流程 IT 的经典论述，因而在华为广为流传。其中费敏的文章以电邮方式发布，任正非亲自写了按语：应该作为华为大学的教材，每位专家干部都要读一遍，想进步的管理者要多读几遍。另外一篇徐直军的文章，写得也很精彩。在此摘出这两篇文章的精华部分展开分析。

华为前副总裁费敏，2013 年在华为大学高级管理研讨班上有关流程化组织建设的讲话《企业管理的目标是流程化组织建设》中，指出一家公司总结起来就是三件大事：

第一件，把产品开发出来。产品从有概念开始，直到面市。

第二件，把产品变现。产品要有客户买，能形成订单，公司把发货、安装、验收、回款等工作做好；

产品就算当时没问题，时间长了也会有问题，客户会有这样或那样的需求，产品要不断地改进升级去满足客户需求，因此有了第三件事情——有问题发生了就要彻底解决。

需要理解的第一个概念叫作业务流。业务流是天然存在的，就是企业中每天做的各种事情，费敏把公司的业务流归纳为三件大事，即三大业务流。需要指出的是，业务流是因人而异的，因为同一件事，不同人的做事方式可能是不一样的，所以业务流是不稳定的。实际上企业的各种业务运作就像水

一样，如果不加以约束，就会产生混乱，甚至泛滥成灾。

搞清楚业务流以后，需要引入另一个概念，叫作流程。流程是对业务流的约束，相当于对各个业务流构建了一个堤坝，以规范业务流的边界。企业的业务是由多个业务流组成的，企业需要对各个业务流分别构建流程。流程要匹配业务流，其核心是：流程要完整系统地反映业务的本质。

与此同时，华为轮值 CEO 徐直军在《谈业务、流程、IT、质量、运营的关系》的讲话中，用五句话概括了业务流程和 IT 的关系：

业务流是客观存在的，所有和客户相关的业务流，天然是从客户到客户的。

流程是业务流的一种表现方式，是优秀作业实践的总结和固化，目的是保证不同团队在执行流程时能成功复制。越符合业务流的流程就越顺畅。

数据是在流程中奔跑的信息，IT 是用技术手段来固化流程。

质量的定义就是符合要求，质量要求必须构筑在流程中。内控、信息安全、网络安全是特定形式的质量要求。

运营要瞄准业务目标，周而复始地沿着流程转，通过持续、周期性的业务运营管理活动，以达成业务目标。

徐直军精准地概括了数据、信息、流程与 IT 的定义和它们之间的关系。在业务流中流动的是信息，信息的载体即数据，数据包括结构化数据和非结构化数据（文档），数据即业务流各作业活动的输出。IT 就是承载业务作业流程并实现业务数据自动传递和集成的使能器。IT 是用技术手段承载流程，用技术手段来固化流程，提升流程的运作效率。运营管理的实质就是通过对运营过程和运营系统的有效管理，以实现投入产出的最大化，因此其关注的目标包括：质量、成本、费用、效率/效益、周期/速度、柔性、客户满意等，目的是支撑企业的商业成功。

华为提倡流程化的企业管理方式，任何业务活动都有明确的结构化流程来指导，通过流程建设把所有人从海量的、低价值的、简单重复的工作中解放出来。只有正确理解业务流、流程、IT、质量和运营之间的关系，才能更有效地建设流程、遵从流程，在流程中构筑质量，并通过IT固化流程，有效落实企业管理，目的是建设流程化组织。

二、华为流程管理的三大阶段

对很多企业来说，如果希望管理水平能有进一步的提升，就需要用流程管理来整合各种现有的管理体系。只有先"理清楚"，然后才是"管起来"和"持续优化"的问题。而所谓"理清楚"，一定是要梳理并整合出一套承载了整个管理体系要求的端到端的"业务流程"。只有这样的"业务流程"才能确保企业的员工非常清晰地知道该如何做事，才能为实现业务流程管理的后两个环节，即所谓的"管起来"和"持续优化"，打下坚实的基础。

从华为流程变革走过的路来看，流程管理至少经历了三个阶段，而且这三个阶段是依次递进的关系。对流程管理的探索和实践，不仅使得华为形成了一整套以流程管理和变革为基础的管理体系，同时也造就出以费敏和徐直军等为代表的一大批对流程和流程管理理解深刻的管理专家，这也是当年华为大力推行流程变革的重要收获。

第一阶段：流程就是业务本身，就是把现有的业务流显性化，把现有业务上的做法整理成流程文件，有的再加上流程视图，把这个作为标准作业流程，用来指导没有做过这项业务的员工。现在有不少企业对于流程的理解还停留在这个阶段。

第二阶段：流程是业务最佳路径的总结。随着对业务的理解逐步深入，并且对流程工具和理念更加熟悉，华为对流程的认识有了进一步的提升，进入第二阶段。在流程构建的过程中，公司业务并不是静态的，而是时刻都在发生变化，所以最佳路径并没那么容易找到。流程建设实际上是流程构建、流程运营、流程优化这样一个循环往复的过程，因此可以说，流程是一种动态管理体系，流程运营是至关重要的。已经有部分优秀企业开始进入寻找最佳路径或者开展最佳实践的进程，可喜可贺。

第三阶段：流程是实现业务最佳路径所具备的能力体系。这个阶段华为对流程的认识更进一步：流程不但是业务最佳路径的总结，而且还包含实现业务最佳路径所应该具备的能力。至此，流程管理进入新阶段，企业进入这个阶段，就是处于从优秀到卓越的进程中，当前的华为正是杰出代表。

华为的变革实践表明，流程是一种管理体系，整个体系包括四个方面：

第一，看流程（做什么）；

第二，看角色/部门（谁来做）；

第三，看管理规则（怎么做）；

第四，看IT支撑（高效地做）。

三、流程化思维

流程化思维指的是在思考业务问题时，要从整体到局部，按照参与者情况和流程顺序，对一切相关的活动内容和步骤进行梳理，并持续优化的思考模式。流程化思维要求人们基于现状，对业务现场进行诊断，以数据报告的形式进行现实分析。华为倡导的工程师文化要求员工基于事实和数据来说话办事，从这个角度来看，流程化思维与华为的工程师文化是不谋而合的。

流程化思维的对立面是散点式思维，散点式思维是杂乱无章的、无条理的随机思考，而流程化思维是一条清晰有序、有逻辑的思考路径。如图4-1所示。

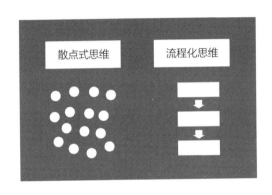

图4-1 流程化思维与散点式思维的比较示意图

华为强调的流程化思维要求事事皆流程，人人遵流程，处处见流程。到华为参观过的客户、供应商，都被华为高度精细化的接待流程所打动。与华为人打交道，都能感受到他们身上以客户为中心的工作导向和对事负责的态度。

不管是2C还是2B业务，华为的方法论都是沿着流程展开，最终的目标是让客户满意。流程化思维高于经验主义，它会让组织实现最优的工作状态，让合适的人在合适的时间去做合适的事情。流程化思维可以应用于各行各业。

流程管理有六要素：客户，价值，流程活动，流程活动之间的相互关系，输入，输出。如图4-2所示。需要特别指出的是，任何一个流程都需要有客户，流程是为具体的客户服务设计的，不是流程部门考虑自身方便而设计的。

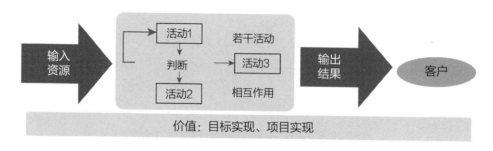

图4-2 流程管理六要素

四、流程管理路径

华为对流程的理解是随着管理变革推进和业务发展而不断深化的，逐渐形成了解决问题的流程化思维。总结为一句话是，复杂问题简单化，简单问题规范化，规范问题标准化，标准问题流程化，流程问题IT化。的确，管理就是把复杂的问题简单化，把混乱的事情规范化，而流程IT为简单化和规范化的落地提供了最有效的工具和载体。

在华为内部，评价一个业务管理者是否优秀的重要标准就是看他是否具备流程化思维，是否按流程办事。具有流程化思维的管理者，在遇到问题时，首先会回顾流程，先审视流程是否适配，然后再看流程是否完善，最后看业务是否遵从了流程。他们会从流程切入找到问题的症结，对应给出解决方案。具体来说，需要根据事务处理的顺序和步骤来制订框架，以此辅助思考，然后根据框架将碎片化的信息和资料进行系统化的整理，从而理清思维的层次，进而找到解决问题的路径。如图4-3所示。

图 4-3 流程化思维解决问题示意图

五、流程优化手法

流程优化最简单实用的手法即为 ECRS 分析法，即取消、合并、重排、简化，来源于工业工程学中对动作分析的四大原则。华为供应链在流程管理过程中，广泛采用 ECRS 手法对流程进行分析和优化，以减少不必要的动作，提高效率，取得更好的业绩。如图 4-4 所示。

图 4-4 ECRS 流程化分析手法

第二节
供应链管理流程体系

一、ISC 集成供应链流程

1999 年,华为通过 ISC 变革项目正式引进当时世界上最先进的集成供应链流程,而 ISC 的流程正是基于 SCOR 模型设计出来的。

华为的集成供应链流程基于 SCOR 模型,但并非原封不动地照搬照用,而是结合业务场景在不断地进行优化。从 ISC 推行开始,到对 ISC 进行升级,华为供应链的每一次管理变革都是业务驱动的,最后都要固化到流程,并在 IT 上落地。我们来看一下华为的 SCOR 模型,如图 4-5 所示。

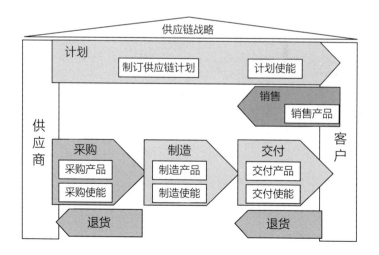

图 4-5 华为的 SCOR 模型图

(资料来源:于东海,2015)

首先，区分主流程和使能流程。从计划到采购、制造和交付，业务主流程用于业务作战，使能流程用于能力建设。主流程对应业务部门，而使能流程对应运营和行管部门。

其次，增加供应链战略，置于所有流程之上，体现供应链在战略和执行中的重要性。明确供应链战略是公司经营战略的重要组成部分，这为后来BLM（业务领先模型）在供应链的推行奠定了基础。

最后，强化计划和订单流程，把订单作为供应链的入口，接口销售环节。计划作为供应链的中枢环节，端到端打通供应链的战略及其执行。

基于SCOR模型，华为的集成供应链将流程逐层分解，从上至下建立起的流程架构称为BPA（Business Process Architecture，BPA）架构。BPA流程架构用于描述企业的业务和价值创造过程，是流程性组织建设的基础，是避免流程重复建设的保证。BPA流程架构本质是分层分级的流程管理。

以供应链的计划业务流程为例，计划流程是供应链的次级流程，而要货计划、S&OP、主计划、采购计划和生产计划作为计划流程的次级流程，再往下又可以继续细分，形成层层分解、环环相扣的计划业务流程架构。如图4-6所示。

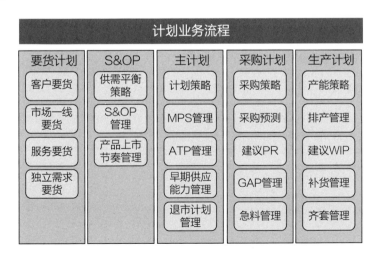

图4-6 华为供应链的BPA架构（计划业务流程）

二、供应链的流程 OWNER 制度

流程 OWNER 即流程拥有者，流程通常是跨部门或跨单位的，最终直达顾客端，因此需要一个流程拥有者来管理和控制流程。ISC 变革的成果，可以分为两个部分。第一个部分是把流程建立起来，具体贡献是完成了华为供应链各级流程的构建。第二个部分是思考供应链如何为客户提供更好的服务，推动了供应链流程 OWNER 制度的建立。2008 年，华为的业务已经在全球开花，供应链面临的问题是：流程数量越来越多，流程跨度越来越大，从中国到全世界，谁来负责，谁来主导？经过学习业界先进经验，并结合实际业务场景，华为开始在供应链建立流程 OWNER 制度，持续地推动流程的优化和变革。

（一） 流程 OWNER 制度

ISC 推行之前，华为供应链曾经尝试过做流程建设，IBM 顾问与供应链专家在总结业务不顺畅的问题时，发现有五大典型问题：

第一是流程没有打通。过去流程开发的普遍模式是功能部门为主导，没有端到端 OWNER 的统一规划，这种模式导致流程管理就像铁路管理一样，各管一段，多而繁杂。

第二是业务场景不匹配。试图以一个流程一管到底，未与业务场景充分适配，可操作性差，导致流程的主干不清晰，末端僵化。

第三是过度管控。过去的流程设计方法导致大部分流程是管控型的，流程中把所有风险都叠加进来了，导致一些主干流程控制点多，流程长，效率低。

第四是流程和组织不适配。在设计流程的时候，没有考虑流程的执行角

色,也没有考虑流程跟组织相匹配,导致流程设置越多,执行越混乱。

第五是没有体现客户需求。原本设计的流程是内部问题触发式的,都是为了服务内部管理,并非来自客户的需求,看起来流程的各种配套机制都有,实质上并没有体现其真正价值。以自我为中心的流程建设,会导致管理烦琐和部门墙林立,无法达到提质增效的目的。

在 IBM 顾问的帮助下,华为供应链通过 ISC 变革,实现了流程管理的跨越式发展。随着业务的进一步发展,供应链人员对流程管理的认识也在不断加深。一个重要进步就是认识到流程设计需要业务驱动,流程需要设立流程 OWNER,最好的流程 OWNER 就是业务主管。在业务流程管理方面,华为提出 7 个关键措施,以规则的确定性来对付结果的不确定性,按照规则办事情,来确保结果的可靠性。这 7 个措施为:

第一是设置端到端的流程责任人(GPO),负责主干流程抓主要矛盾、主要流程和流程的关键节点,实现全流程主干简洁。

第二是要求流程 IT 部门为 GPO 配置专业资源,指导和协助 GPO 设计、优化流程。

第三是设立主干流程仲裁和决策机构。

第四是要求组织与流程相适配,构建和优化主干流程时对组织结构提出明确要求。

第五是对一线末端流程进行有效授权,匹配末端业务场景,以便快速响应内外业务场景的变化。

第六是创新流程管理模式,按生命周期管理流程,确立正确的流程设计与流程运营评估方法,在服务中构建管控要求。

第七是设立使流程能落地的组织,在一线设立确保流程有效应用的组织

(流程质量运营组织），避免一线人员在工作中盲人摸象，确保流程得到运行和维护。

图4-7为华为供应链的流程OWNER示意图。

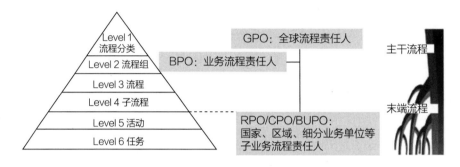

图4-7 华为供应链的流程OWNER示意图

（二）行管机制

经过长期的业务实践，华为供应链总结出一套独有的流程问题管理机制，这就是行管机制。华为供应链部门在建设运营组织时，会根据具体业务场景适配将其改为行业管理组织，简称行管。行管对应的流程为使能流程，相应地行管的主要职责是能力建设、流程建设以及解决跨领域的业务问题。

在华为供应链所有领域的行管里面，最典型的是计划行管。华为的计划行管人员一般都由领域资深专家担任。因为计划是供应链的核心环节，涉及范围广，需要处理的流程多，对技能和经验要求较高。行管人员的主要抓手是流程、IT和专业化工具，具体的工作往往要与业务深度协同，只有这样行管人员才能做好业务的助手。

为了便于分析和定位，供应链的行管总结出了一整套问题管理的方法，将业务问题分为三类：无流程文件；流程不完善；流程执行不到位。如表4-1

所示。这套看似简单,却蕴含深刻流程化思维的分类方式,在机制上保障所有的问题解决都会固化到流程上。

表 4-1 流程问题分类表

问题类型	含 义
无流程文件	业务根本就没有流程文件
流程不完善	已有的流程文件的内容存在缺失、断点和模糊等问题,不能指导业务正常运行
执行不到位	已经有流程文件,但是业务人员不按流程进行操作

三、供应链的流程管理

(一) 流程文件体系

供应链是最适合推行流程管理的领域,因为"链"与流程本身是高度契合的。流程需要具体载体形式来固化,那就是流程文件体系。供应链的流程文件体系包括:流程、规范、指导书、工具、模板、工艺规程、质量手册等。

流程,即流程文件,指的是某个业务流程的步骤、操作方法和说明。

规范,即标准规范,指的是对某项业务流程的范围、内容和处理方法进行规定或提供规则。

指导书,即操作指导书,又称标准操作指引(SOP,Standard Operation Procedure),是作业人员的工作准则,将作业人员的工作予以说明与规范,让作业达到一致性与标准性的要求。

模板,指的是作图、表、方案的固定格式。

工具，指的是完成或促进某一项工作的手段，包括各种点检表、模型等。

工艺规程，指的是用文字、图表和其他载体确定下来，用来指导产品加工和工人操作的主要工艺文件。

质量手册，指的是对质量体系做概括、阐述及指导其实践的主要文件，它是企业质量管理和质量保证活动应长期遵循的纲领性文件。

在华为，供应链是典型的流程化组织。供应链的链条需要有流程贯穿始终，确保供应链目标的唯一性，避免牛鞭效应。公司要针对流程文件的特性，明确流程文件的更新要求，确保流程文件体系能体现业务的最佳实践，确定流程迭代的节奏。流程和规范每年梳理一次，指导书半年更新一次，模板和工具根据实际情况进行调整。

（二）"三按两遵守"

20世纪初制造业流行一句话：走出实验室，没有高科技，只有执行的纪律。华为强调流程管理和基于流程的高效执行，为此华为总结出了一套独有的、适合供应链的流程管理机制，那就是"三按两遵守"（见图4-8）。"三按两遵守"在供应链深入人心，在制造现场成了管理的重要抓手，极大地提升了生产制造的执行力。

图4-8　"三按两遵守"

（三）流程内控

供应链各领域都有天然的风险来源，客观上要求供应链要主动做好风险评估和管理。供应链的问题千头万绪，有实物丢失，有发错货，有订单交付没有达成，有质量投诉，还有信息失真，以及浪费等问题。

刚开始，华为供应链专业能力较弱，只能头痛医头，脚痛医脚，这种局面一直到 ISC 变革才有了大的改观。ISC 变革的实施，为供应链风险评估提供了更科学的工具，其中最重要的是针对供应链高风险领域，结合流程管理要求做出了红线规定，比如针对采购专门制订采购行为准则，作为采购的高压线。

采购业务行为准则（节选）

本文件依据《华为公司商业行为准则 V1.0》，并结合采购业务实际制订，是对《采购业务行为准则（暂行)》的修订，是对采购业务人员行为要求的强调和细化。

一、采购业务人员与供应商合作及参与的全部商业活动必须遵循商业道德的原则。

二、采购活动必须严格遵循华为公司采购流程与制度规范，围绕"价值采购、阳光采购"的总体采购策略，遵从公正、公开、公平的原则，采购人员负责为公司获取最高的总体价值，确保每一项采购活动和决策都能为公司带来最佳综合利益。

三、本准则适用于华为投资控股有限公司及其全球范围内直接或间接控股的子公司。

经过多年持续的管理变革，华为供应链找到了从系统解决问题的方法，那就是从流程上发现问题、识别问题和改善问题，最后将改善固化到流程 IT

上。将公司的内控机制（Internal Control）应用到供应链，形成了供应链的三级内控控制，那就是自检、稽核和内审。流程内控机制对供应链的交付业务提供了强大的保障，彻底改变了以前"不查没问题，一查一个准"的被动局面。

华为公司内部控制体系的三道防线：自检、稽查和内审。如图4-9所示。

图4-9 华为内控体系三道防线

第一道防线是自检。业务主管/流程OWNER，是内控的第一责任人，在流程中建立内控意识和能力，不仅要做到流程的形式遵从，各环节要按照流程做事情，还要做到流程的实质遵从。流程的实质遵从，95%的风险要在流程化作业中解决。

第二道防线是稽查。内控及风险监管的行业部门，针对跨流程、跨领域的高风险事项进行拉通管理，既要负责方法论的总结及推广，也要做好各个层级的赋能。稽查聚焦"事中"，是业务主管的帮手，但不要越俎代庖，业务主管是管理的责任人，稽查要帮助业务主管管理好业务、发现问题、改进问题、有效解决问题。

第三道防线是内审，内部审计部是司法部队，通过独立评估和事后调查形成冷威慑，让大家都不要做"坏事"、也不敢做"坏事"。

（四）流程评价

在流程建设和管理过程中，企业需要对流程建设和管理情况进行衡量。在华为供应链，衡量流程管理水平的指标有三个，包括流程覆盖率、流程完善率和流程遵从率，俗称为流程三率。如表4-2所示。流程三率的提出，不仅有助于了解当前流程管理的水平，而且为行管和业务管理者下一步的流程梳理、流程优化和流程重组提供强有力的工具。

表4-2 流程管理指标比较表

流程管理指标	统计方式	评价对象
流程覆盖率	已有流程文件的流程活动数/所有的业务流程活动数	用来评价业务的流程覆盖程度
流程完善率	存在问题的流程文件数/所有的流程文件数	用来评价业务流程的完善程度
流程遵从率	不遵从的流程活动点/稽核抽样的所有流程活动点	用来评价业务人员操作业务的流程符合程度

第三节
供应链IT系统

一、华为的IT系统变革历程

伴随着华为业务的高速发展，华为的IT系统一直在应对诸多的战略性挑战。华为从信息化到数字化的转变可以分为五个阶段。

第一阶段：从 1987 年华为成立开始的前十年。华为的 IT 系统主要以办公软件、Email 和供应链的 MRP II 为主。

第二阶段：1998—2003 年，华为 IT 系统从分散走向集中。在这个过程中，华为引进了 IPD 和 ISC，其中 IPD 为从 IBM 引进的集成产品开发管理，ISC 为集成供应链管理。围绕这两条业务主线，通过 IT 集中化给业务提供更好的支撑。2004 年，华为再度斥资 20 亿元，从 IBM 引入了 EMT（Executive Management Team，企业最高决策与管理团队）模式、财务监管二期管理变革等。从 1998 年到 2008 年，华为经历了一次脱胎换骨式的变革，为华为后来的成功奠定了基础。

第三阶段：2009—2012 年，华为 IT 系统从国内走向全球，其中包括在 100 多个国家的 ERP 上线。华为 IT 系统变革的第三个阶段花了近 10 年的时间，让华为在全球 100 多个国家建立起了一张大网，包括网络、OA、ERP 等。

第四阶段：华为 2012 年及以前的 IT 系统，视为 IT1.0，此后进入 IT2.0 阶段。此时，华为已经构建起庞大而复杂的 IT 系统，既要支撑内部公司运营，又要支持对外的业务创新，为此，华为提出了 IT 2.0。IT 2.0 是一个开放的架构，它提供了一个开放的平台，目标是对内实现现金流、物流和信息流的透明可视管理，对外做到公司与客户及合作伙伴的数据共享和高效协同。华为 IT 2.0 制订的变革目标主要有两个：第一，要建立面向全球的联合作战系统；第二，构建数字化作战平台，提升运营效率。当机会来临的时候，要让 IT 系统能够迅速适应全球市场快速变化的作战场景。

第五阶段：2017 年开始的未来五年，华为要实现数字化转型，在研发、销服、供应等业务领域要率先实现 ROADS（实时、按需服务、在线、自助、社交化）体验。华为在数字化转型的实践中，将不断探索和引入云技术、人工智能、大数据等数字化技术。

二、构建供应链 IT 系统

华为 IT 走过的五个重要阶段,也是供应链能力积累和成长的历史阶段。经过历次 IT 变革的洗礼,华为供应链对 IT 系统的理解、应用和价值创新达到一个新高度。

(一) 强化 IT 思维

供应链认识到业务和 IT 不再是两张皮,这也是自 ISC 变革以来,供应链对 IT 服务化思维的深刻理解。在业务优化和变革过程中,明确业务要对 IT 的成功实施负责,同时 IT 人员提前参与业务方案的设计;在 IT 开发过程中,业务与 IT 保持同步,在 IT 测试过程中,业务部门要全程参与,确保 IT 成功上线。通过深入理解和应用,华为供应链与流程 IT 部门保持高度协同,供应链联合流程 IT 部门对 IT 系统进行项目化和产品化管理,即实施过程中进行立项管理,项目实施后设立产品经理,负责运维管理,为业务提供贯穿全生命周期的服务。

供应链经过多轮 IT 项目训练,开始形成 IT 产品化的做法,即项目结项转运维时立即进入产品管理阶段,以实现管理持续为业务提供优质服务。IT 系统产品化,主导系统升级和迭代,引导和辅助 IT 管理人员对各种 IT 资源进行有效的监控和管理,保证整个 IT 系统稳定、可靠和持续运行,为业务部门提供优质的 IT 服务,以较低的 IT 运营成本实现业务部门较高的满意度。IT 产品化管理是 IT 产品在信息化运营阶段运维管理的规范,产品化的两个重点:一是通用化、模块化;二是快速迭代,不怕试错。

IT 提供的是标准化、数字化和自动化的工具,给华为供应链带来了巨大的增效空间,同时也为供应链业务的改善打开了新的窗口。尤其是 IT 自动化，解决了手工操作易出错和重复操作的问题，使得供应链效率大为提升，大部分系统性操作的工作都被 IT 取代，容易出错的地方也被系统锁定。

（二）打破信息孤岛

值得注意的是，不少公司在构建 IT 系统时，容易陷入一个误区，即为了 IT 系统而建 IT 系统，却忽视了业务本身。华为供应链在 IT 实践的道路上，逐步识别到 IT 化并非目的，IT 仅仅是一种实现价值的手段；无论是 MRP、ERP 还是 APS，引入的前提一定是流程先行，以流程为先导打通价值链，再进一步将流程的最佳实践落地到 IT 系统上；单个功能最优不能代替全局最优，必须通过合理规划业务流程架构，进而形成标准统一的 IT 架构，避免出现信息孤岛。如图 4-10 所示。

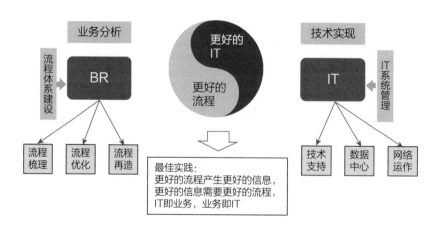

图 4-10 流程 IT 示意图

（三）供应链 IT 系统架构

基于流程化和服务化的思维，华为近年来不断推进供应链 IT 系统的整合和优化,打破信息孤岛,以流程为主线打通 IT 系统,一个流程一个系统,实现端到端拉通管理。供应链实现以 ERP 作为基础 IT 系统,并采用企业资源计划 ERP,订单 WOSP,计划 APS,采购 SRM,物流 WMS,制造 MES 等强大的 IT 系统。如图 4-11 所示。供应链以 ERP 作为基础 IT 系统,在计划端采用 APS 系统,来管理预测、计划和排产;订单端采用华为自行开发的 WOSP 系统,管理 SO 订单和发货指令等信息;采购端用 SRM 系统,管理供应商的预测和 PO 信息交互,管理供应商信息;制造端较早采用 MES 系统,管理产能承诺、工程能力和基础数据等;物流端则引进 WMS 系统,拉通原材料到成品发货段的出入库、库存和发货。

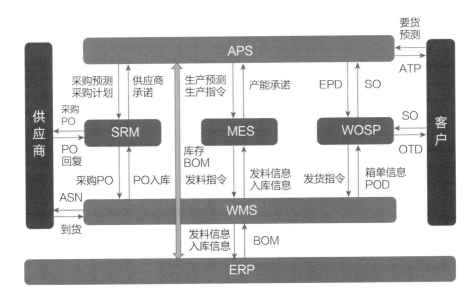

图 4-11 供应链 IT 系统框架图

注:APS(高级计划与排程)、MES(制造执行系统)、SRM(供应商关系管理系统)、WOSP(Web 化的订单管理系统)、ASN(预先发运通知)、BOM(物料清单)、POD(签收单)、OTD(及时到货单)、SO(销售订单)、PO(采购订单)。

第四节
供应链运营绩效管理

故事 供应链的考核指标

2002年,英国电信来到华为认证供应商资格,他们问了一个问题:为了保证客户满意,华为在供应链管理上有什么关键的考核指标?负责接待的华为高管信心满满地回答:"及时发货率"。然而,英国电信的人听了之后摇了摇头,说:"对于我们而言,从来就不关心所谓的及时发货率,我们只关心'及时到货率'"。华为内部很快做出调整,明确以及时到货率(Order On-time delivery rate,OTD)作为主指标的交付业绩评价体系。企业供应链绩效的水平高低在于满足客户需求的程度,客户满意度是最重要的供应链评价指标。

(资料来源:吴建国,2010)

一、KPI(关键绩效指标)管理

(一)KPI管理要求

管理学中有一种观点认为,如果你不能测量,你就不能有效管理,这一点在生产制造型企业中的表现尤其突出。在华为,各级业务部门的管理者,都需要背负各种大大小小的绩效指标,以此支撑公司战略目标的实现。为此,华为轮值董事长徐直军提出：运营管理的实质就是通过对运营过程和运营系统的有效管理，以实现投入产出的效益最大化，其关注的目标包括质量、成本、费用、效率（效益）、周期（速度）、柔性、客户满意度等，最终的目的是支撑企业的商业成功。

基于此，华为供应链围绕公司经营战略和目标，对供应链运营管理进行持续优化，尤其是ISC变革实施以来，通过推行KPI，为供应链的运营保驾护航。供应链总结出了一整套KPI设置的方法：首先分解公司战略目标，实现全局最优；其次考虑统计的时间周期；再次避免与上下游部门产生冲突。

华为供应链KPI设置的注意事项：

第一，设目标；不要求全责备；

第二，抓重点；指标并非越高越好，KPI的达成是需要管理成本的；

第三，重分解；供应链是一个多部门的系统，注意目标分解。

在华为供应链内部，对KPI考核有过一个经典比喻：交响乐团在演出时，很多人手中的乐器都在同一时间发出声音，那么多个声音的集合起来可能是音乐，也可能是噪音，这里面的关键就是乐队指挥，指挥只有协调好了，才能演奏出一曲动听的交响乐。如果把供应链比作交响乐演奏，那么订单、计划、制造等部门就是演出乐手，而KPI就是乐队指挥手中的指挥棒，在指挥的指导下，供应链才能完成完美交付。这是德鲁克"目标管理"的精髓，也正是任正非所讲的：要"力出一孔"，以客户为中心，全力聚焦为客户创造价值。

（二）供应链KPI考核原则

华为历来强调结果导向，在实施绩效管理的过程中，注重长期目标的维护和短期目标的实现。华为认为 KPI 管理最重要的是承接战略和树立导向，考核要注重目标牵引、考核要适度和分层分级，这正是坚定不移地贯彻结果导向的精神。为防范过度追求短期目标和考核严格的弊端，要定期检视 KPI 与实际业务的匹配情况，检查总体目标和分解目标的匹配情况等。为此华为供应链提出了一整套 KPI 考核的原则。

1. 以终为始，客户导向

在选择供应商时，如何设计质量与成本这两个指标的权重？质量到底是占 40% 还是占 50%？这类问题在内训时经常被学员问起，问题的背后是公司各部门在争夺供应商选择的决定权。如果只站在公司角度，你会发现这个问题是无解的，但如果站在供应链管理的高度，以终为始，坚持客户导向，答案却是非常清晰的。那就是核心客户如何选择我们，我们就如何选择供应商；客户如何评价我们，我们就如何评价供应商。如果客户选择与评价我们的权重分配为质量 50%，成本 30%，交期 20%，那我们选择与评价供应商时，也得按照质量 50%，成本 30%，交期 20% 的权重来分配。只有这样选出的供应商才符合我们供应链的要求，才能让客户满意。

2. 成对考核，综合平衡

高质量才能实现真正的低成本，低库存能快速交付。这看起来是悖论，但实际上这是高水平供应链运作的结果。供应链的目标要求一手抓交付、一手抓库存，绩效管理的实质就是平衡质量与成本、交付与库存这两对看似矛盾，实则统一的指标，这意味着在考核时，必须同时考核成对的指标，如果只考核单一指标，势必会牺牲对应的平衡指标。如果只考核采购部的采购成本，那么采购部很有可能通过与提供质量差但价格低货品的供应商合作来完成自己的 KPI；当只考核采购部准时交付率时，采购部很有可能通过多买，牺牲库存来应对考核。

3. 系统全局，避免零和博弈

供应链强调系统思维，设定供应链绩效指标的范围，也应从系统全局出发，避免零和博弈。个别企业在推行供应链管理活动时，把自己该承担的责任转移给合作伙伴。最常见的是企业降库存时，打着 VMI（供应商管理库存）的旗号，将自己的库存转嫁给供应商。这种以转移库存为目的所谓的"VMI"活动，短期内会使自己企业的指标优化，但长期看没有任何成效。因为库存无论怎么转移，都存在于我们的供应链当中，看得见的是显性库存，那些看不见的责任库存只是被隐藏了，本身是客观存在的。

库存的存在就会产生库存成本，供应链管理者必须把供应商、经销商的库存当成自己的库存来一同优化，不要在供应链相关环节玩库存转移的零和游戏，而要上下游企业一起致力于把库存以最快的速度送到客户手中，而非存放在仓库。

（三）供应链 KPI 分类

要衡量企业的供应链战略实施效果，供应链绩效评价体系的设计很重要。由于供应链是一个由多方组成的复杂系统，所以对供应链的评价也不应片面地从一个指标得出好或坏的结论，而应综合多方面的 KPI 指标来评价。要建立指标体系，首先要做好指标分类。对供应链评价指标的分类如下：

1. 按照过程分类

按照过程可以将供应链评价指标分为过程指标和结果指标。过程指标指的是业务运作过程中各个业务动作的关键节点指标，主要用于业务追踪，也可以称之为流程指标。

结果指标通常以产出为导向，呈现的是结果，无法改变，主要用于最终绩效的评价。结果是由一系列的业务动作带来的，要将这些业务动作不断拆解，才能够将真正的核心指标识别出来。

结果指标需要由过程指标来反映，且过程指标决定着结果指标。要改善结果指标，必须对结果指标进行层层分解，转化为过程指标，并识别出关键的过程指标，进而实施管理和改进。

2．按照性质分类

按照性质可将供应链评价指标分为时间、成本、效率和效用 4 类。

（1）时间

最常见的时间测量指标是间隔时间，如订货完成时间和补货完成时间。另一个重要的间隔时间是现金周转期，它通常可以降低到 30 天以内，现金周转最快的戴尔公司，在向供应商付款之前，它就收到了客户的付款。时间也常作为测量指标的分母，如速度的测量（米/秒）和产量（批量/小时）。供应链管理的一个主要目标就是提高库存周转率，也就是如何让存货在供应链上快速地流动，库存周转率需要通过周转次数、在库天数和其他库存水平等常规测量指标来反映。

（2）成本

成本指标指的是每单位产出（劳动成本）、生产能力（维护成本）或时间（持有成本）的货币价值。直接成本是指与产品的生产有直接关系的成本（原料成本/单位）。间接成本指其他相关的资源投入，例如人员（人力资源成本）和厂房（租赁成本）。在供应链管理中，直接成本更加常用，在使用 ABC 成本计算方法时，应尽可能将间接成本转换为直接成本。第三类成本是一种更难测量的成本，指的是供应链运作过程中的失效成本。失效成本有些可以通过追踪返退货处理、产品退换、返工、退款等成本来测量，有些只能估测，包括丧失的销售、丧失的客户和失去的声誉等。

(3) 效率

效率可以通过库存、生产能力和资产在供应链运营中的应用效果来衡量。例如,库存的囤积天数已被逐渐用来衡量周转率,在目前高产量的环境中,它表达的信息更加有用。一个能反映效率的新指标是流程时间,通过这个指标,可以获知原料转换成产成品所需的实际时间只占总库存时间的5%~10%。产能利用程度这个指标的测量通常采用负荷因数的形式,例如可表达为一部机器或者一个工厂利用了83%的产能。对一个具体的资源来说,它最优的负荷因数可能是800%,也可能是98%。

(4) 效用

效用是绩效管理的"基线",因为它的测量对象是最终结果,而不是运作过程的效率,最常用的指标是客户服务水平。效用也是一种最不统一的指标,如订单完成比例等。另外来自客户的评价也有很多不同的形式,有直接的调查结果,也有来自投诉、退货和其他要求等反馈信息的统计。然而,最终的效果衡量指标是维持客户的能力,如果你的顾客不惜付出转换成本转向其他供应商,这就明显地说明你的绩效水平远不及其他供应商。

3. 按照360度考核分类

按照360度考核要求,供应链的评价指标可以分为财务、客户、内部运营和学习成长4类,如表4-3所示。

表4-3 按照360度考核的供应链指标分类表

考核维度	关注点	考核点	指标举例
财务	公司经营战略及其实施是否创造更多价值	概括经营单位采取的行动所产生可衡量的经济成果	销售额,利润,投资回报率,净资产回报率,现金流

(续)

考核维度	关注点	考核点	指标举例
客户	公司在提高客户满意度和满足市场需求方面所做的贡献	公司期望获得的客户满意度和市场表现	市场份额，客户满意度，及时交付达成率
内部运营	为满足客户需求和财务运作涉及的内部流程实施情况	公司内部运营的绩效结果，并符合价值导向	人均发货台数，人均采购金额，人均单位工时产出，市场返修率，制造周期，新产品上市速度
学习成长	为增加公司价值所进行的提升人员能力、知识和创新水平的投入	为实现公司商业成功，公司员工需要具备的学习能力、素质等	员工技能提升率，变革项目完成率，员工培训时间，员工满意度，知识共享水平

4. 按照性能特征分类

按照 ISC 所定义的供应链关键性能特征，可以将供应链指标进行以下分类，这种分类方式可以直观明了地看出供应链的运作情况。如表 4-4 所示。

供应可靠性：供应链在正确的时间，向正确的客户提供正确的产品。

供应响应性：供应链响应客户需求和为客户提供产品的速度。

供应链柔性：又称供应链弹性，供应链为赢得和维持竞争优势而响应市场变化的敏捷程度，指的是供应链对于需求变化的敏捷性，或者说是对于需求不确定性的适应能力。

供应链成本：供应链在全运作流程和周期内的成本，主要包括：物料成本、劳动成本、运输成本、设备成本和其他变动成本等。

供应链资产利用：企业供应链利用资产的有效性，包括各项资产的利用，如固定资产和运营资产。

供应连续性：业务连续性管理（BCM：Business Continuity Management），是一项综合管理流程，其总体目标是为了提高企业的风险防范能力，以有效地响应非计划业务的破坏并降低其不良影响。

表 4-4　按照性能特征分类的供应链指标

性能特征	KPI 指标
供应可靠性	及时到货达成率
	完美订单履行率
供应响应性	订单履行提前期
供应链柔性	供应链响应周期
	产能柔性系数
供应链成本	单台供应链成本
	产品质量和退货处理成本
供应链资产利用	供应链库存周转天数
	呆滞金额
供应连续性	BCM 成熟度

二、华为供应链的 KPI 实施情况

华为供应链参考过多种 KPI 考核方法，最后集合各种方法的优点、结合业务场景设置了一套适合自身的 KPI 体系。

（一）外在绩效

华为一直认为，供应链必须坚持客户导向，需要将绩效由内而外呈现出来让客户能感知到。基于此理念，华为供应链将质量和交付视作两个最重要的外在绩效。

首先看质量。质量指标是指企业生产经营活动各个方面在质量上要达到的目标，它是反映企业的生产效果或工作质量以及对社会资源利用状况的指

标。质量指标通常用相对数（即比例、比值、百分率）来表示，但是针对客户感知的质量，应该通过设立次数指标进行考核，来体现精细化管理，如来料批量不良次数、市场批量事故次数和客户质量投诉次数等指标。

华为坚定地认为质量是华为生存的基石，是客户选择华为的理由。华为的大质量管理理念，要求产品规划、设计开发、供应商管理、来料管理、生产制造、售后服务等，都要严守质量底线。供应链对质量的管理是从研发设计和物料来料开始的，包含市场质量、产品质量和物料质量三个方面，覆盖产品的全过程生命周期。基于此，华为供应链对质量的衡量是从产品品质控制的过程中来分步衡量的，从来料端、制造端、客户端等维度，在因质量产生的效率下降或成本损失等方面来设置相应的 KPI 指标，并落实到各环节相应的责任部门和岗位。

表 4-5 供应链质量指标一览表

衡量维度	考核指标
物料质量	进料合格率 RIDPPM（Received Incoming-material Defective Pieces Per Million）
	批合格率 LAR（Lot Acceptance Rate）
	百万分之不良比例 FDPPM（Factory Defected Pieces Per Million）
	来料批量不良次数
制造质量	产品直通率 FPY（First Pass Yield Rate）
	巡检合格率 IPQC（Probability Of Acceptance of spot check Rate）
	开箱不合格率 OOBA（Out Of Box Audit Rate）
	OOBA 否机数量
客户质量	市场返修率 FFR（Field Failure Rate）
	市场批量事故次数
	客户质量投诉次数

其次来看交付。交付是客户交付的简称。在华为看来,产品必须交付给客户才能实现价值,因此交付指标也称为客户交付指标,是对客户而言的。交付方面的指标主要有两个:一个是达成率,另一个是交付周期。

以华为终端的到货达成率 OTD(Order On-time Delivery Rate)指标体系为例,聚焦客户要求的 OTD,由外及内倒逼管理,从客户需求、交付承诺和实际达成三个维度来建立管控体系,形成一整套 OTD 指标体系。如图 4-12 所示。值得注意的是,华为供应链设置的这套 OTD 指标体系,体现的是以结果倒逼过程,过程承诺要对准目标并不断逼近目标的管理思想。在交单和发货环节着重考核供应链承诺水平,因为此阶段客户订单需求还存在变数,但是在到货环节必须考核客户需求到货达成率。

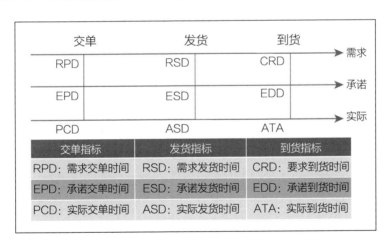

图 4-12 华为的 OTD 指标体系

EPD 达成率: 考核供应链内部交单承诺的达成水平,重点考核计划和制造环节

计算公式:EPD 达成率 = 实际满足交单时间的订单的数量/承诺交单的所有订单的数量 ×100%

ESD 达成率: 考核供应链内部发货承诺的达成水平,重点考核订单和运输

环节

计算公式：ESD 达成率 = 实际满足交单时间的订单的数量/承诺交单的所有订单的数量×100%

OTD 达成率：考核最终的客户要求达成率，重点考核订单环节

计算公式：OTD 达成率 = 实际按客户需求时间到货订单的数量/按客户需求时间到货的所有订单的数量×100%

（二）内部评价

供应链的外在绩效非常重要，而内部评价是基础，需要通过全面的业绩指标来衡量。华为供应链的内部绩效考核评价一般分为四个维度：客户、财务、内部运营和学习成长，同时要覆盖供应的可靠性、快速响应能力、柔性和成本，近年来又新增了供应连续性的考核指标。下面重点介绍对应前三个维度的指标，学习成长维度在前文有介绍，在此不再赘述。

1. 客户交付指标

供应链的主要指标有客户要求达成率（OTD）、物料齐套率和供应链运作周期，下文重点讲一下供应链运作周期。周期是供应链客户交付的能力指标，供应链运作周期一般包含合同处理周期、排产提前期、生产制造周期和物流运输周期。需要特别指出的是，计划运作周期和物料采购周期虽然是供应链过程所经历的时间，但实际上不参与具体的订单履行，需要前置或并行处理，因此不应计入供应链运作周期的统计范围。

周期是供应链运作能力的集中表现，是供应链体系运作的结果，最后都会体现在周期上。因为供应链体系设计的目的就是为了满足客户需求，这要求流程设计能够快速、稳定且准确地得到满足期望的结果。

如果供应链设计复杂、冗余和臃肿，供应链周期自然会很长。

如果供应链标准化程度低、运作问题多，经常性地等待、跳票、停线或返工，供应链周期自然也会很长。

如果供应链需求管理不到位，订单处理效率低、计划准确率低、需求满足不稳定，供应链周期自然也会很长。

……

从上述资料来看，供应链体系设计、运作上的问题，都会影响到周期。因此周期是供应链运作能力的集中体现，设立周期KPI的考核就显得非常有必要。周期犹如供应链一条引线，以周期KPI来引领供应链改善也具有重要意义。

周期容易度量。无论是客户还是供应链工作人员、管理人员，对周期的感知都比较直接，容易达成共识。

周期改善后，会直接带来其他指标的改善，比如库存降低，因为周期就是衡量供应链的管道长短的，周期缩短，管道内库存自然减少。

周期缩短后，计划承诺会好做很多，为计划准确率的提升减少障碍。比如制造周期缩短以后，计划排产锁定期就可以变短，进而缩短计划展望期。同时物料采购方式也可以优化，原来需要做预测备料的，现在可以见单采购。

聚焦周期的改善，能顺藤摸瓜，一步步理出供应链运作上的所有问题和痛点。通过对周期的改善，可以倒逼供应链体系战略和设计上的优化，最终实现整个体系的优化。

华为供应链的优秀实践证明，周期是实现供应链改善最合适的突破口。迄今为止，还未发现其他更好的突破口。

2. 财务结果指标

供应链涉及财务方面的指标一般有采购降本比率、单台物流费用、制造费用降低率和库存周转率等。下面重点介绍库存周转率。

库存周转率是表明存货流动性的主要指标，同时也是衡量和评价企业存货购入、投入生产、销售收回等各环节的综合性指标。反映库存周转速度的指标有两个：库存周转率和库存周转天数，两者的本质相同，可以相互转换。华为采用库存周转天数，综合考虑后，以年作为考核周期，这样更利于对改善幅度进行量化。为了实现库存的端到端管理，华为供应链以计划作为全流程库存周转天数的 OWNER，将库存分为原材料库存、在制库存、半成品库存、成品库存、在途库存，以及各种暂存形态库存，分别设置计划、采购、制造和订单、物流运输等不同的库存责任环节，形成主导清晰和互相协同的管理方式。

库存周转次数：库存周转率是指某一时间段内库存周转的次数，是反映库存周转快慢情况的指标。周转次数越多，说明存货变现的速度越快。计算公式为：存货周转次数 = 库存周转金额/平均库存

库存周转天数：库存周转天数是指企业从取得存货开始，到生产制造、消耗、销售为止所经历的天数。周转天数越少，说明存货变现的速度越快。计算公式为：存货周转天数 =360/库存周转次数

3. 内部运营能力指标

内部运营能力指标：主要指的是效率类指标。供应链的制造和物流这两个领域里一线作业人员居多，需要看效率，不能单看规模和人数。供应链的其他领域的工作人员，一般称为专业技术人员，则可以从规模、人数和产出

来看人均产出效率。具体而言，制造可以用 UPH（单位小时产能）和 UPPH（人均单位小时产能），以及单线人数进行衡量；物流可以用人均发货台数（套数）衡量；采购则可以用人均采购金额等进行衡量。如表 4-6 所示。

衡量生产效率的主要指标为单位小时产能 UPH，可以用来作为横向对比工厂成本构成和盈利情况的重要参考指标。如需进一步衡量人均效率，则要看 UPPH，即人均单位小时产出。

类似的，物流领域衡量效率的指标则为人均发货台数（套数），即表示落实到每个人的发货台数或套数，具体是用台数还是用套数，视产品对象而定。华为泛网络公司一般看套数，因为网络设备均为成套发货，而终端公司则看台数，手机以及其他终端产品，均以 SKU（Stock Keeping Unit）为单位进行发货。

采购衡量效率则看人均采购金额。采购金额包含生产性原材料与零部件采购总额、非生产性采购总额（包括设备、备件、生产辅料、软件、服务等），其中最重要的是原材料采购总额，它还可以按不同的材料进一步细分为包装材料采购额、电子元器件采购额、结构件采购额等。

表 4-6　供应链效率衡量指标比较表

指　　标	算　　法	评价对象
UPPH/UPH	UPH = 日生产量/日工作小时； UPPH = 日生产量/（日工作小时 × 投入人工数量）	制造
人均发货台数或套数	人均发货台数或套数 = 年度发货台或套数/物流部门平均人数	物流
人均采购金额	人均采购金额 = 年度采购金额/采购部门平均人数	采购

三、华为 KPI 改进体系

（一）战略解码

华为供应链在绩效管理上，经历了从复杂到简单的过程，才逐渐总结出了考核规律：主 KPI 保持稳定，次要 KPI 根据业务场景动态调整。KPI 设置要符合公司战略和管理改进的要求，体现战略规划（SP：strategy planning）和业务规划（BP：business planning）的分解；KPI 要聚焦主航道和供应链主要职责，个数要有限制；KPI 考核要保持连贯性，KPI 考核赋值每年应保持一定幅度的改善；KPI 的改善要落地到具体的项目和重点工作。

需要注意的是，战略解码的过程需要运营监控来落实，而实际业务是沿着端到端的业务、流程和 IT 的主线来运作的，正好与运营监控相反。即业务运行产生业务流，流程部门来固化业务流程，IT 支撑流程落地。业务流程产生过程 KPI，过程 KPI 支撑结果 KPI，结果 KPI 支撑战略目标的实现（见图 4-13）。

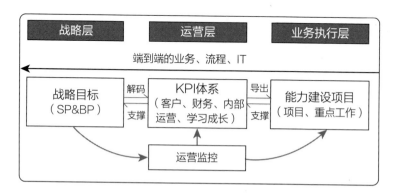

图 4-13　华为的战略解码示意图

华为的战略解码：从战略到执行，从组织绩效到个人绩效

绩效目标设计的一致性要求：

垂直一致性：垂直一致性体现在对公司战略和业务目标的支撑上，以公司战略和部门业务为目标，自上而下逐层分解，从公司到体系，再到部门和个人，保证 KPI 承接的一致性。

水平一致性：水平一致性体现在对公司业务流程的支撑上；以公司端到端业务流程为基础，建立起部门间的连带责任和协作关系，保持水平一致性。

战略解码流程：

将战略解码到部门，形成组织绩效 KPI，再将组织绩效分解到个人绩效承诺 PBC（PBC，Personal Business Commitment）。

战略分解：将公司战略层层分解。

指标体系：从客户、财务、内部运营和学习成长等四个维度，将公司战略衡量指标分解为公司 KPI。

组织绩效：制订各组织单元的 KPI，逐层分解到最小部门（在华为内部指的是最基本的组织单元，比如项目组、业务科室等）。

个人绩效：将组织绩效分解到个人绩效承诺 PBC。

（二）KPI 改进

KPI 的改善思路是首先确定目标，即设定 KPI 目标，进行业务牵引；其次是业务运营，各业务部门对标 KPI 落实工作计划，进行具体的业务运营；再次是找到业绩差距，即以业务数据和事实分析问题和差距；最后是提出改善对策，针对问题差距有的放矢地制订改善措施，驱动业务改善，实现问题闭环管理。如图 4-14 所示。针对不达标的 KPI，通过实时或定期数据透视，分析原因和制订改善措施，深入业务场景和现场进行改善。

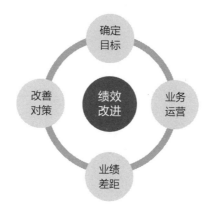

图 4-14　华为的 KPI 考核改进示意图

扩展阅读：

2013 年费敏在华为大学高级管理研讨班上有关流程化组织建设的讲话《企业管理的目标是流程化组织建设》（请读者自行在网上搜索）。

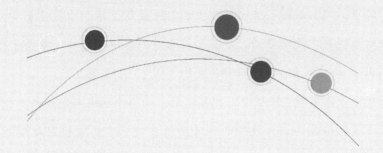

第五章

升级：
华为供应链的模式、方法与工具

故事　最高质量奖的背后

2016年,华为获得了中国政府质量领域最高荣誉"中国质量奖",这件事情直到央视再次走进华为,才被推至台前,不得不感叹,华为太低调了。在不到30年的时间里,华为取得的成就,让同行们羡慕不已!

央视《寻找中国顶级制造》栏目记录了华为手机在研发和生产的测试环节中对细节的极高追求,展现了华为手机在设计、制造过程中经过的严苛测试。

在严格保证自身产品质量的同时,华为也一直在同整个产业链共同合作,不断提升供应链中各个环节的产品质量,只有这样,才能给消费者和客户提供高品质的终端产品。华为透露:"举例来说,手机摄像头中用到一个对焦马达,对焦马达中用到一种胶水,胶水的质量最终会影响手机在拍摄时的对焦灵敏性和速度。如果想要给消费者带来极致的使用体验,我们除了要管理好摄像头的供应商,同时还要管理好马达和胶水的供应商,只有这样我们才能够给消费者提供高质量的手机。"在每一个环节上下足功夫,建立质量管理系统,华为才保证了每年上亿部手机的品质。

在节目中华为还透露了一个秘密,2015年,有一批华为手机在运输途中,突然遭遇货柜车轮胎起火,导致这批手机受到了高温烘烤。事后经过检测,98%以上的手机毫发无损,但华为毅然决定将这批手机全部销毁,价值2000多万元的手机瞬间被碾压成了碎片。

第五章 升级：华为供应链的模式、方法与工具

在众多的中国企业中，华为是一家重技术、重产品、重质量的企业，可能在营销上它不是最出彩的，但是它的技术最扎实，产品有创意，质量有保障，这是华为在质量即生命的理念下，用品质、服务构建成的一个强大的体系。正是这个体系保证了华为一点点地在用户心中建立起了强大的品牌形象。

"中国质量奖"制造领域第一名，这对华为来说是实至名归，这是华为供应链和制造水平的集中体现，同时这也是中国制造正在形成的精神支点，做"笨人"，做好产品，这才是中国制造的未来。

华为供应链经过多年的发展，逐步确定了三大基本业务，即狭义的供应链、采购和制造。华为供应链分为泛网络供应链和终端供应链两部分，其余若干个子公司如鼎桥、华为海思和华为海洋的供应链可以视为泛网络供应链的延伸。泛网络供应链业务，即华为技术平台供应链是伴随着公司的成长而成长起来的，它始终作为一个职能系统或者管理体系独立存在。2015年，华为供应链开始进入连续性建设和可靠性建设阶段，在此阶段，华为的供应链组织开始固化，华为再次启动 ISC 变革，在运营商业务被称为 ISC+变革，在终端业务被称为 CISC 变革。

第一节
供应链运作模式

一、华为 SCOR 模型

说起华为供应链，必须要从 SCOR 模型开始介绍。SCOR 模型之于华为供应链，类似于参天大树的根，唯有搞清楚根系，才可能顺藤摸瓜，获得真知

的果实。华为供应链一整套的模式、方法和工具，都是从SCOR模型出发，开始成长起来的。

华为对SCOR模型的使用不是简单地照搬，而是遵循着华为独有的变革思路来推进，即先僵化，后固化，再优化。ISC变革以后，华为将SCOR模型全面应用于各个事业群，分解出一整套流程体系和KPI管理体系，然后根据业务场景对其进行不断优化和改造，让业务驱动管理变革，产生出了一整套供应链的方法论。时至今日，华为各业务领域的SCOR模型都不尽相同，华为也不再提SCOR模型，而是提ISC，提流程、IT系统和组织，这也是一种无招胜有招的境界。

SCOR模型在华为的应用分为三个阶段，正好匹配ISC变革的三个主要阶段。

第一阶段：构建供应链的内部能力。华为启动ISC，构建供应链各个领域的能力，建立流程体系、IT系统和KPI考核体系。

第二阶段：实现供应链在企业的内部集成。从国内到国外，重点推行GSC，建设海外供应中心。

第三阶段：实现供应链的外部集成。从内部集成到外部集成，推行智能制造和智慧物流。

二、供应链的定位和战略

"终端业务保持了优良的竞争态势；配套件异军突起，开创了一片光辉的未来；我们成功地在突尼斯铺设了第一条海底光缆。供应链在及时、准确、优质、低成本交付方面，打了一系列漂亮仗，以这些关键事件来拓展，公司将更加全面地促进职业化与流程的优化。"

（节选自《春风送暖入屠苏》，任正非2010年的华为新年献词）

华为供应链发展至今，离不开清晰的导向、明确的定位和正确的战略。华为供应链内部曾提出五个零的目标：零缺陷、零投诉、零变更、零事故、零损失，折射出华为供应链的高目标追求以及打造世界一流供应链的雄心壮志。同时还提出"质量第一、交付第二、成本第三"的理念，把质量放在如此高的位置，这在当时的中国企业界是前所未有的。

（一）供应链的定位

作为企业经营的重要环节，供应链管理最突出的作用有两个方面：一是提高对消费者的服务水平，实现高效率和高质量的产品和服务；二是降低企业的经营成本和费用。华为供应链也正是如此，华为明确提出供应链对于企业经营的贡献是高效、优质和低成本，其根源是聚焦客户需求，最终落地到企业的经营成果上。

华为对供应链的定位并非一蹴而就，而是有一个逐渐明晰的过程。总的来看，华为供应链的定位是：研产销的产品价值实现平台，承担采购商务界面、供应保障界面的统一接口以及对出厂质量负责，是公司核心竞争力的重要组成部分。

华为供应链的早期仅有生产等部门，是作为研发配套部门而存在的。这在任正非早期的讲话中可见踪迹，当然这是符合创业企业的特点的，以市场销售或产品技术为导向，供应链只是配角。2000年左右，华为成功引进IBM管理思想变革，确认公司的核心竞争力在于技术的领先和市场的优势，供应链按照集成供应链（ISC）流程进行变革。在供应链管理的变革过程中，华为牢牢把握住涉及核心竞争力的关键领域，将其余非核心领域尽可能地外包出去。

华为ISC变革的结果是重新构建了一整套集成供应链流程以及KPI考核

体系,并顺理成章地成立了统一的供应链管理部,它包括生产制造、采购、客户服务和全球物流,新的供应链负责人由副总裁级的高管担任。自此以后,供应链在华为公司的地位凸显,也可以说这时候供应链的定位才逐渐明晰起来。

(二) 供应链的战略

经过多年的发展,供应链已成为公司的核心竞争力之一。相应地,华为的供应链战略也是华为公司战略的重要组成部分。供应链战略要围绕公司经营目标,展开对产品特性、供需情况和技术发展趋势的研究,进而对供应链进行全局性规划,具体战略由质量、成本和交付等多领域构成。

从供应链各部门的口号中可以折射出华为供应链的工作风格,具有非常强的主动性、积极性和进取心。

(订单部门):只有接不回来的单,没有交不出去的货;交付承诺要做到一言九鼎,交付履行要做到一诺千金;坚决不让问题发生在客户界面;

(计划部门):对标业界最佳,构建世界上最好的供应链;

(质量部门):成为电信领域的宝马奔驰,做高质量的代名词;零事故、零缺陷、零变更、零投诉、零损失;

(制造部门):构筑世界一流的先进生产系统;我们在做世界上最好的手机;心无旁骛,专心致志;一丝不苟,精益求精。

1. 安全:安全是基础

华为的生产安全对标杜邦,目标是零安全事故。尤其是三星手机出现电池爆炸事件以来,华为供应链将安全上升到战略高度进行管理。以制造部为代表推行杜邦的十大安全理念和22个安全要素,具体落实为生产车间挂牌

××日零安全事件,现场安全员制度,安全评比,月度现场巡视,季度述职,年度评比……安全文化开始深入人心。

杜邦十大安全理念和 22 个安全要素

(1) 杜邦的十大安全理念

所有的安全事故都可以预防;各级管理层对各自的安全问题直接负责;所有的危险和隐患都可以控制;安全是被雇佣的条件之一;员工必须接受严格的安全培训;各级主管必须进行安全审核;发现不安全因素必须立即消除;工作以外的安全和工作中的安全同样重要;良好的安全等于良好的业绩;员工的直接参与是关键。

(2) 杜邦的 22 个安全要素

领导与承诺;HSE(健康、安全和环境)政策与原则;综合高效的安全管理组织;直线组织的安全责任;富有挑战性的安全目标和指标;支持性的安全专业人员;安全高标准;持续的安全培训及发展;有效的双向沟通;积极有效的激励;行为和系统审核;全面的伤害和事故调查与报告;人员变更管理;承包商安全管理;质量保证;启动前的安全检查;设备的完好性;设备的微小变更管理;工艺安全信息;技术变更管理;工艺危害分析;紧急响应和应变计划。

2. 质量:质量是保障

华为历来高度重视质量,明确了质量优先的战略。在 2000 年之前,华为就旗帜鲜明地提出:质量是华为的自尊心。后来又进一步丰富为:质量是华为的自尊心和生命线。2015 年,华为正式确定华为的质量目标、方针和战略,并在官网明确发布,将质量上升到公司战略的高度。

作为产品价值实现的落地环节,华为制造部门还承担着对出厂质量负责,落实质量优先战略的责任，它对质量的管理可谓是严防死守，对前端业务的把关更是毫不留情，被视为华为质量管理的蓝军。

华为的质量目标、方针和战略

质量目标：让华为成为ICT行业高质量的代名词。

质量方针：

1）时刻铭记质量是华为生存的基石，是客户选择华为的理由。

2）我们把客户要求与期望准确传递到华为的整个价值链，共同构建质量。

3）我们尊重规则流程，一次把事情做对；我们发挥全球员工潜能，持续改进。

4）我们与客户一起平衡机会与风险，快速响应客户需求，实现可持续发展。

5）为承诺向客户提供高质量的产品、服务和解决方案，持续不断让客户体验到我们致力于为每个客户创造价值。

质量战略：

1）华为视质量为企业的生命。质量是我们价值主张和品牌形象的基石，也是我们建立长期及重要客户关系和客户黏性的基石。

2）打造精品，反对低质低价。以最终用户体验为中心，从系统、产品、部件、过程四个维度构建结果质量、过程质量和商业环境口碑质量。

3）借鉴德国、日本的质量文化，与华为实际相结合，建设尊重规则流程、一次把事情做对、持续改进的质量文化。

4）把客户要求与期望准确传递给全球合作伙伴并实施有效管理，与价值链共建高质量和可持续发展。

5）尊重专业，倡导工匠精神，打造各领域世界级专家队伍。

6）人人追求工作质量。不制造、不流出、不接受不符合要求的工作输出；不隐瞒、不推诿、不弄虚作假，基于事实决策和解决问题。

7）落实管理者质量第一责任，基于流程构建质量保证体系，建设能适应未来发展的大质量管理体系。

3.交付：交付是目标

华为强调以客户为中心，在供应链的具体落实方面就是将产品及时、准确、高效地交付给客户，从而实现客户价值，这样的交付才能构建企业的核心竞争力。具体而言，交付的目标由交付速度、柔性、连续性等方面构成。

交付速度：交付速度最能体现企业的核心竞争力，简单一个字就是快。对于客户而言，就是快速响应和快速交付。

柔性：供应链对于需求变化的敏捷性，或者叫作对于需求变化的适应能力。需求的变化也可以称之为不确定性或者风险，这是供应链上各个环节都客观存在的一种现象，需求的不确定性增大会导致供应链管理难度加大和成本增加。

连续性：应对断供、断电等各种经营异常情况以及各种灾害或突发事件，保证供应链的连续性和稳定性，做好预防最重要。

4.成本：成本要有竞争力

早期华为以低成本战略攻城略地，为华为迅速占领市场立下了汗马功劳。早在 2000 年左右，华为供应链开始整合，逐步构建起供应链强大的竞争优势。尤其是在成本管理方面，华为以供应链作为基本保障，逐步推行各类部件和器件国产化，使得成本大大降低。

华为供应链最初确定的低成本战略有力地支撑着公司的成长，但是长期的低成本并非好事情，有时候低成本会被视作低质量。虽然高质量不一定意味着高成本，但低成本很难带来高质量。华为供应链很快意识到这个问题，开始审视低成本战略的各种隐患，后来将其修正为有竞争力的成本优势战略。

那么，何为有竞争力的成本优势？关键词是有竞争力，体现在以下四个方面：

1）原材料。对原材料实行分级管理，并非一味使用价低的原材料，敢于在新产品、新工艺、新材料、新技术和新模式上进行投入，重视物料质量。

2）供应商。在供应商管理上实行质量优先与构筑有竞争力的成本并重，改变价低者得的做法，招标时技术标和商务标并重，坚决摒弃最低价格中标的做法，扶持战略和核心供应商，形成产业链协同。

3）产品。实行产品高中低的组合搭配，摒弃低配高价的做法，实现优质优价。

4）竞争战略。以强大的技术专利构筑竞争壁垒，提高进入门槛。

5. 创新：创新是驱动力

华为供应链一直保持强大的自我学习和迭代的原动力，持续推动供应链的变革与优化，从战略思维到模式创新，再到技术进步，确保领先态势。总结起来，华为供应链的创新分为两块，一是内部持续不断的优化和变革，二是实行与时俱进的动态对标，不断超越竞争对手。如果说对标是华为前进助推器，那么内部优化和变革就是华为供应链保持领先的原动力，内外结合确保华为供应链一直走在前列。

华为供应链内部优化和变革，是系统化管理，包括合理化建议、小改善、项目管理和流程 IT 优化专题等，更重要的是每隔一两年还有公司级变革项目来推进。基于供应链最先推行 ISC，建立集成供应链，使得华为供应链率先进入高速发展的快车道。

华为供应链不仅在内部 BG 之间建立你追我赶的竞争氛围，同时还将视野主动向外延伸，有序构建起一整套对标业界标杆的持续学习方式。具体方式是，以竞争伙伴为基准，在产品、服务、流程方面的绩效、方法、工具上进行比较，采取比学赶超的方式直接竞争，目标是构建世界一流的供应链管理体系。具体做法是，以内部最佳的绩效、职能或流程及其实践作为基准推广复制；以行业领先者或某些企业的优秀职能为基准，学习并推广；以最佳实践的流程作为基准，对标类似的工作流程。如图5-1所示。

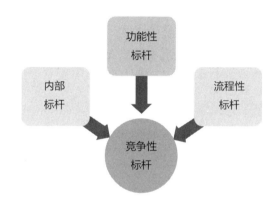

图5-1 标杆学习示意图

对标的过程，正是华为供应链学习和创新的过程。华为供应链就像一条八爪鱼，如饥似渴地学习各类竞争对手的优势，哪怕对方是总体情况不如自己的企业，也会对对方从好的做法和细节进行学习。因为对标的实质是取长补短，而非互相攀比。同时对标也是动态的，哪怕昨天还是标杆，明天已经变为后进，这并不影响华为供应链的持续创新和自我驱动。不仅如此，华为还将目光投向其他行业，向各行各业的优秀标杆学习，来确保竞争优势。

实际上，华为各个业务单元都已经形成对标的文化基因，对标的标杆也五花八门，涉及各行各业。安全对标杜邦，精益生产对标丰田，精密制造对标博世，智能制造对标西门子……华为供应链创新的步伐永不停歇。

三、供应链业务的再升级：从 ISC 到 ISC +

郭平：第一，一方面供应链要满足一线"呼唤炮火"的需求，另一方面对一线也有更高的要求，不能胡乱地"呼唤炮火"，事后要核算受益者或者经营单元。第二，供应链的进步需要从 ATP 能力可视、资源可视、运输状态、库存状况可视开始。当年刚引进 ISC 时，有一个基本诉求是订单要透明、可呈现，但这么多年来供应链在这方面的进展不大，光决心大、拍胸脯是不够的。在资源不可视、人力不可视、运输库存都不可视的情况下，如何实现"呼唤炮火"并核算到受益者？第三，要反思我们不能一次性发准货在业务模式方面的原因。

（节选自《第一次就把事情做对》，任正非在全球仓库大会上的讲话，2014 年 7 月 7 日）

（一）ISC 变革之后的业务新挑战

随着经济形势的变化和新消费方式的兴起，消费者的个性化和定制化需求被极大地释放出来。同时在技术上，互联网＋、人工智能和区块链的兴起，开始形成越来越强烈的从消费者到制造的供应链导向，需要更快、更多元化地满足消费者需求。再加上华为终端在 2C 领域深耕细作，需要供应链变得更为灵活和有柔性，也使得供应链开始面临更多挑战。

（二）供应链业务的再次升级：ISC +

自 ISC 变革以来，华为的供应链朝着流程化变革的方向越来越深入，目标是构建起一个流程化的组织。进入 2015 年以后，华为供应链启动 ISC + 变革（如表 5-1 所示），终端业务启动 CISC 变革，力图重构供应链战略、流程和 IT，并重点从战略、订单、计划、采购、制造和物流等全业务领域实现供应链再次升级。

第五章 升级：华为供应链的模式、方法与工具

表5-1 华为供应链ISC+变革重点表

供应链领域	变革重点
战略	聚焦客户体验，由被动响应向主动服务转身；对外加强协同能力建设，从内部集成向外部集成转变；对内要求通过数字化创新，为客户创造价值
订单	优化贴近客户的交付网络，实现可视化和去中心化
计划	构建ONE PLAN的一体化计划，确保计划的一致性和准确性。同时引入大数据，推动计划的数字化转型，实现智能排产
采购	重点是推进战略采购，实现采购3.0的升级
制造	推进自动化、数字化，实现智能制造
物流	智慧物流与数字化仓储项目是重中之重

第二节
订单运作模式

很多公司并不重视订单环节，甚至没有建立专门的订单管理组织。实际上，在供应链交付履行时，如何有效连接销售和生产，避免两个部门脱节非常重要。订单履行部门就是不同类型的企业在运作过程中形成的需求和供给之间的自然交汇点，前端要控制产品和订单的复杂度，后端要管控订单在供应链各环节的有效履行。设立订单履行部门是打通需求和供给非常好的选择，它可以帮助企业按时和按量满足每个客户的需求，并最大限度地减少浪费，实现顺畅的补货和生产。订单履行部门能保障实际订单进入供应链以后实现

端到端交付。

一、客户订单模式

华为的供应链强调客户导向，会根据不同阶段、不同产品来采取多种订单模式进行供应链的履行。在华为，订单履行部门被认为是供应链的龙头，也是供应链交付的入口，选择合理的订单模式在很大程度上决定了供应链交付的顺畅性。华为历来重视订单模式的研究和实践，总结出以下的订单类型，所有的订单类型都以"Order的O"结尾。如图5-2所示。

现货生产（Make-To-Stock，MTS）或者（Stock-To-Order，STO），又叫按库存生产；

按单挑库（Pick-To-Order，PTO）；

订货组装（Assemble-To-Order，ATO），又叫按订单组装；

按单配置（Configuration to Order，CTO）

订货生产（Make-To-Order，MTO），又叫按订单生产；

专项生产（Engineer-To-Order，ETO），又叫按订单设计。

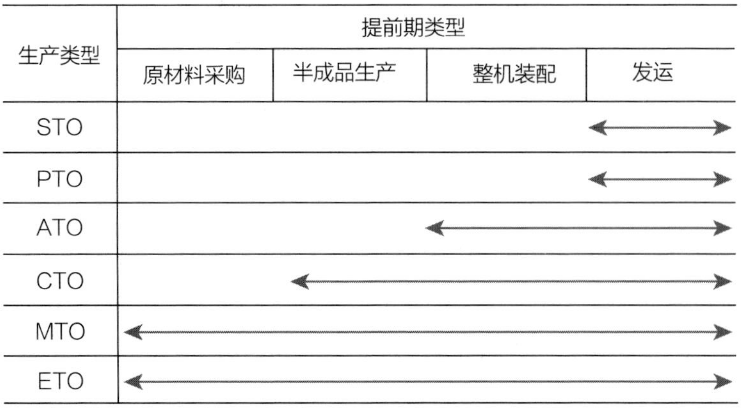

生产类型	提前期类型			
	原材料采购	半成品生产	整机装配	发运
STO				←——→
PTO				←——→
ATO			←————→	
CTO		←—————→		
MTO	←——————→			
ETO	←————————→			

图5-2 供应链订单模式示意图

二、订单履行周期

供应链的路径越短,给客户带来的价值就越大。供应链路径的选择其实就是订单模式,而订单模式的选择受两种周期的制约,一种是从签订销售合同开始,到客户收到订购的产品或货物为止的这段时间,称之为需求周期,或订单履行周期,指的是订单从接收到履行完毕的时间;另一种是从设计、生产准备开始到客户收到货物为止的时期,称为供应周期,或供应链运作周期,指的是供应链全流程运行的时间。

客户交货提前期(需求周期)与生产制造提前期(生产周期)的矛盾是企业面临的一个基本矛盾,平衡的供应与需求计划使公司得以对其资源进行规划,因此能够快速响应,按照既定的服务水平和交付时间来满足客户需求。如表5-2所示。

表5-2 供应链订单需求周期与供应周期对应表

订单类型	需求周期	供应周期	说　明
STO	不需要	库存缺货时,需要生产制造周期	需要供应链信息处理时间和物流运输周期
PTO	成品的挑库处理周期,即理货包装周期	半成品或零部件缺货时,需要半成品的生产制造周期或零部件的物料采购周期	需要管理半成品库存与成品订单的匹配程度
ATO	整机的生产制造周期	半成品缺货时,需要生产制造周期	需要管理半成品库存与成品订单的匹配程度
CTO	半成品和整机的生产制造周期	半成品和整机的生产制造周期	适合电脑等产品

(续)

订单类型	需求周期	供应周期	说明
MTO	生产制造周期	生产制造周期	需要单板、裸机和整机的生产制造周期
ETO	研发设计提前期+生产制造周期	研发设计周期+生产制造周期	研发设计周期指的是需要重新开发设计所需的时间

三、订单履行管理

（一）统筹管理，实现端到端交付

华为供应链的订单管理不叫订单管理，而叫统筹。这其实是有原因的，其中的一个原因是呼应华罗庚的统筹方法。华为的统筹负责供应链端到端交付，从接到订单开始，到中间的生产制造，再到物流运输，以及最后交付到客户手上，统筹要端到端全部负责到底。因此统筹部门是供应链对市场一线的接口部门，颇有点儿"运筹帷幄之中，决胜千里之外"的意思。

华为供应链的统筹，有产品统筹、订单统筹和区域统筹，后来终端公司将其统一改为订单统筹，泛网络公司将其统称合同统筹，以体现双方的业务场景差异性。

（二）贴近客户交付，降低产品和订单复杂度

供应链要做到贴近客户交付，首先要降低订单复杂度，缩短订单交付的路径。华为供应链面对全球交付，采取的是建立海外供应中心和物流节点HUB的方式，通过贴近客户的供应网络实现快速交付。

同时要降低产品的复杂度，华为供应链的思路是坚定不移地推进产品归

一化和产品系列代际平台化，将难以改变的客户定制后移，主要是将贴标签、处理包装等流通加工业务集中到海外的物流节点 HUB，通过量价比来给客户提供可选配的订单交付服务，还可以解决小订单集中发货问题。当然还有前提，那就是提供可视化的订单服务，让客户能够实时查询订单进度，并打通物流"最后一公里"。

（三）主动进行订单承诺，交付承诺做到一言九鼎

作为供应链的市场接口环节，订单部门逐步构建起一种面向客户承诺的订单管理系统方法，主要特点是主动响应和面向客户，具体方法包括：构建基于数学规划的订单承诺模型；提供可选配的订单履行服务；输出可向客户承诺的最早订单交货期；产生多个交付时段可向客户承诺的交付量等。

利用上述订单管理方法，能够分析订单接受与否对客户满意度、生产能力状态等因素的影响，从而对客户订单进行快速响应决策，并能够针对接受的订单向客户提供准确的交货期、交货数量的承诺，从而为客户满意度的提高提供支持，实现对客户交付承诺的一言九鼎。

第三节
计划运作模式

故事　计划能不能做准确

计划究竟能不能做准确，其实是一个业界难题。虽然做计划的人都知道最基本的理念：计划是供应链的中枢，要做准确、均衡和稳定，供应链才可

能运转顺畅。但是实际要做到谈何容易？原因有很多，比如需求变化快、市场没法把握、产能资源不稳定以及生产现场各种异常，生产停线、品质事故、人员流失……

2008年左右，终端公司曾经推行过3+3的要货计划模式，即要求市场一线做准三个月的要货预测，再提供后三个月的预测，作为参考。这其实是学习诺基亚的优秀模式，诺基亚曾是在供应链管理上做到"极致"的手机厂商，依靠主要配件通用化与大规模集采，诺基亚将零配件成本降至业内最低，但这也限制了诺基亚的技术和产品创新能力。随着华为终端的快速崛起，华为终端供应链是边打战边建设，管理水平逼近最佳实践。但计划始终是华为供应链发展的瓶颈，计划很重要，却让人总感觉没做到位，可谓是如鲠在喉。

2015年，供应链重启CISC变革。当时的情况是，华为手机连续两次遭遇三星断供，白白丧失了抢占市场的机会；经历过P6、MATE7等旗舰机的高速交付，终端供应链内部逐步摸清楚了2C产品的交付特点，即终端产品的"五快"。

终端供应链在2016年上半年连续组织多次供应链各环节的拉通研讨。刚开始会上吵得不可开交，采购和制造部门抱怨计划不靠谱，频繁变化；计划部门则提出，2C产品的需求本来就是不稳定的，同时制造的"爬坡"速度也太慢，要货的时候跟不上，等到产能资源到位后，产品销量都开始下降了；订单部门则强调手机的生命周期越来越短，必须要抢占首批上市的机会。经过反复PK，大家终于达成一致：目标一致，各司其职，互锁管理。具体是计划部门保障计划准确和物料齐套，制造部门保障周期逐年缩短和定时定量产出，先以计划部门和制造部门确定短期互锁，然后再延伸到订单，采购和市场部门，最后形成4-2-1（华为计划部门使用的计划模式，时间上由远及近分别提前4/2/1周进行计划排产，需重点管理计划正确率、物料齐套率等关键指标）周计划互锁机制，设立不同条件的互锁管理并优化现有的日排产锁定机制，形成一整套"预测－计划－排产"远粗近细的计划运作机制，同时针对异常情况，明确升级和审批条件，作为机制的补充。

经过三个月试运行，供应链运作开始顺畅起来。一个重要收获是，终端供应链深刻认识到：预测是做不准的，但是计划是可以作准确的。要货预测来自于市场，市场需求本身就不是管控对象而是被满足的对象，因此要货预测重点是确保责任清晰，比如展望期、交期、库存等。而计划是经过供需平衡做出来的，可以先从短期开始，重点管理各种资源到位的条件。与此同时，计划与订单部门梳理供应链各种履行管道，包括STO、ATO和MTO等，寻找交付规律，打通各种管道的实际履行流程。

在此过程中，终端供应链开始全面对标三星和苹果，不断吸取业界先进经验，包括引入大数据分析和自动排产和智能算法，开始形成供应链的最佳实践。经过数年优化，计划能不能做准确已经不再是终端供应链的难题，随着华为终端公司的快速发展，华为终端供应链昂首迈进了世界一流供应链的行列。

一、计划定位

华为充分认识到供应链的核心能力就是计划，计划是供应链运营的驱动器，即把公司的战略、愿景转化为可行的计划，并在执行中不断反馈、改进计划。

计划是集成供应链运作的核心，换言之计划是供应链的中枢环节，供应链的绩效表面上看是执行出来的，其实是计划出来的，很多问题看似没做到（执行），实则是没想到（计划）。

计划是供应链各项事务的指挥棒，供应链信息流的OWNER，供应链实物流的指挥棒，生产、采购和物流都要按照计划的要求来运作，以确保结果的达成。

二、计划体系

（一）计划链条

华为每年都会做 3~5 年的战略规划（SP），同时也会滚动做每年的经营计划（BP），SP 和 BP 构成华为公司的企业经营计划。在供应链主计划下面又可以进行分解，包括生产计划、采购规划、发货计划……这些形成了完整的计划链条，保证公司的业务发展和落地。如图 5-3 所示。

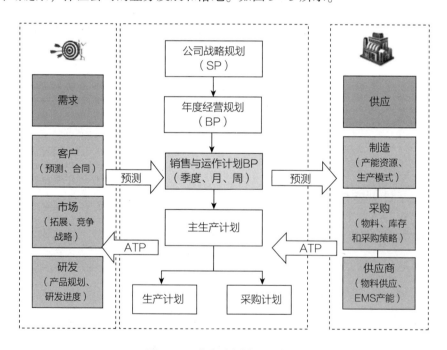

图 5-3　华为计划链条示意图

供应链的计划来源有两个，一个来源是预测，华为的计划是 18 个月滚动计划，基本每个月要做一次滚动，即所谓的销售与运作计划。前 6 个月要准确，用来指导生产活动，以及供采购做采购计划；前 12 个月计划要给到财务；后 6 个月计划作为预测输入的滚动调整，以保证预测与实际的匹配。销售与运作计划支撑整个公司的不同业务，也保证生产物料及生产计划的准确，这就是产销平衡。计划的另一个来源是存货，考虑到采购、消耗以及储备等要做库存计划，设立存货作为供应的来源。综上所述，具体运作起来形成例行机制，就有了销售与运作会议，这是公司的例行活动。

企业经营计划：企业经营计划指的是公司的 SP 和 BP。

市场计划（需求计划）：市场计划指的是地区部或产品线的市场要货计划。

销售与运作计划：销售与运作计划指的是地区部或产品线 18~24 周的 S&OP 计划。

生产计划：生产计划指的是供应链主生产计划，一般是 13 周生产计划。

采购计划：采购计划指的是给供应商的物料采购计划，一般是 13 周采购计划。

制造计划（调度/排产计划）：制造计划指的是生产现场的日排产计划。

发货计划：发货计划指的是成品发货计划。

运输计划：运输计划指的是物资运转、装卸、发运等方面所需运输工具和劳动力的计划。

库存控制计划：库存计划是指企业以物资储备定额为基础，为使生产过程不受干扰，用最少的物资储备费用保证其正常活动进行，而合理确定物资储备数量的计划。

ATP（Available To Promise）：供货能力承诺。

（二）计划管理

计划是投资回报率最高的领域之一，加强计划职能，往往能起到事半功倍的效果。华为对计划的认识也是不断发展和进步的，具体可以分为三个阶段。

第一阶段，明确计划的职能，成立计划部门。计划部门的主要工作不在于制订计划，而在于频繁调整来保证计划的执行，制订计划的方法和工具比较原始，人工干预较多。重执行而轻计划的文化比较盛行，计划部门本身往往很薄弱，系统、流程不健全，人员配置不到位，计划方法单一，没法满足业务的需要。同时计划部门的定位不高，缺乏公司级的计划部门，无法做跨领域的流程拉通。计划部门无法起到前瞻预测和指挥棒的作用，生产和采购部门对计划部门的抱怨较多，生产损失较大。结果是企业的计划水平不高，全靠执行来弥补，计划的准确率无从谈起。

第二阶段，认为计划的制订要重于执行，开始完善计划组织、流程和工具，通过更好的计划来更好地推动执行。认识到生产、采购和物流的执行结果很大程度上取决于计划水平，计划如果不到位，执行未弥补的代价很高。供应链要解决的问题是一手抓交付，一手抓库存。意思是既要满足交付，不能有短缺；同时要控制住库存，不能形成积压。

华为充分认识到所处行业的特性，具体而言就是产品的配置复杂性、需求变动性以及批量生产特性，公司要根据不同的行业特性来做计划，可以简单分为三类：①需求稳定，批量较大的，按预测来生产，即 STO 驱动生产；②需求较稳定，批量较大的，在零部件层面按照预测来采购，在成品层面由客户订单驱动，即 ATO 驱动生产；③需求变动大、批量很小的，完全依赖客户订单驱动，即 MTO 驱动，而且尽量把这类需求向前面两类引导。

第三阶段，对计划的认知逐渐加深，形成比较完整的预测-计划-排产的计划管理体系。这个阶段，计划的准确、均衡和稳定均达到较高水平，形成了一整套可以持续改进的计划管理方法、工具和模型。

三、计划模式

生产和销售所追求的最终成就就是在正确的时间以正确的数量在正确的地点提供合适的产品，这也是公司赋予供应链的职责。计划策略（Planning Strategies，PS）是实现这一目标的重要驱动力之一，而计划模式是落实计划策略的重要载体，计划模式的选择非常重要。计划模式指的是按照订单类型，结合产品特性，形成的一整套生产、库存以及具体排产的做法。

如何选择合适的计划模式取决于公司的市场策略、需求情况和产品特性，华为有运营商、企业网和消费者三大BG业务，涉及多种产品，下面介绍的计划模式都曾用到。基于客户订单类型，华为供应链总结出各种计划模式的特点和适用场景。如表5-3所示。

STO：按库生产计划策略，又称现货生产、备货生产，是没有实际订单需求的提前生产，是销售预测而不是销售订单推动生产计划。收到确认的销售订单就使用现有库存进行交货，从而将客户交货时间降至最低。

PTO：按单挑库，指的是按照订单配置，挑选并单列出需要配置的必备件和可选件，在发运前完成发运单的挑选再发货。

ATO：订货组装或装配，是结合订单和库存的一种策略。在事先已经生产了半成品的情况下，接到订单以后再进行装配。这种策略允许将库存点（库存/订单结合）放置在产品结构中最有效的位置。因此，需要把库存/订单结合起来，上游为库存而生产，下游按顺序处理订单并发货。

表5-3 计划模式与产品特性选择表

订单类型	产品特性	生产策略	库存策略	评价
STO	标准产品，需求稳定，批量较大	按照销售预测连续、批量和大规模生产	按照预测做生产库存	典型的生产导向。 优点：用库存交货，供货周期短； 缺点：对销售预测依赖高
PTO	客户DIY定制，零部件通用	零部件或半成品按照销售预测连续、批量性生产，检查和匹配销售订单；成品无须生产，按照销售订单挑选配置，PTO库房需要支撑快速挑选	可将零部件或半成品做适量库存	敏捷和精益。 优点：提供灵活、足够快的交货并有助于减少浪费，如果客户需要DIY，还可以进行散件发货； 缺点：适用产品少
ATO	标准产品、半成品为通用件，需求较稳定，批量较大	半成品按照销售预测可以连续、批量性生产，需要定期检查和匹配销售订单；成品组装按照销售订单，需要以短线，能快速切换的方式进行生产	可将半成品做适量库存	敏捷和精益。 优点：提供较为灵活的交货时间 缺点：需要减少装配定制需求

164

(续)

订单类型	产品特性	生产策略	库存策略	评价
CTO	有多种配置或变式的标准产品	按照销售订单进行配置	可将半成品做适量库存	优点：可以给客户直接提供各种/所有可用的配置供选择，让客户自己选或者帮客户选； 缺点：使用面较为狭窄，适合计算机类产品
ETO	客户定制化产品，需求零散，批量较小	按照客户定制化需求进行设计、生产和运输	无法根据预测做库存	优点：可以实现全面的客户定制； 缺点：成本较高，交货慢，不仅需要生产、组装、包装和运输，还要定制设计以满足客户的独特需求
MTO	标准产品，需求较大，批量较小	按照销售订单进行生产	无法根据预测做库存	典型的销售导向。 优点：以客户订单为导向； 缺点：当订单需求不稳定时，产能利用率较低，或成品积压严重

CTO：按单配置。允许客户就既定规格进行产品细节上的多样选择组态，客户下单并最终确认"组态的技术性"后，企业再根据物料状况，确定组装生产计划，作交货期承诺。

ETO：专项生产。在客户有定制化需求时，企业需要重新做工程设计和购买材料。每个客户订单都会生成一组定制件的物料编号，物料清单BOM和工艺路线等。

MTO：订货生产。该策略仍适用于具有明确定义规范的标准产品。MTO模式下不需要预测客户订购什么产品，在订单确认后再开始生产，所以无法提前准备库存。需要注意的是MTO在装配或精加工过程中的关键部件是根据客户订单进行计划和准备库存的。

四、销售与运作计划

（一）S&OP 理论

销售与运作计划，即 S&OP（Sales and Operation Planning），最早诞生于20世纪80年代中期，由 Oliver Wight 公司率先提出，然后在欧美公司里获得推广应用。S&OP 指的是对市场和销售计划以及研发、生产、采购和财务等企业经营的各方面进行综合平衡，使得各环节目标一致，形成步调一致的业务运作计划和行动，落实公司经营战略。S&OP 横向可以拉通需求与供应之间的平衡，同时纵向衔接战略与执行，逐层分解为各级计划，确保公司经营策略在供应链的落地。

S&OP 是如此重要，通常需要企业最高领导者与各大部门高层主管进行频繁的讨论与沟通，通盘考虑销售与行销的计划，以及制造、研发、采购和财务等方面的有效资源，每月对其进行综合平衡，从而不断更新各部门计划，以实现公司总体经营战略目标的过程。如图 5-4 所示。

图 5-4　供需平衡示意图

S&OP 中输入的是战略计划和业务计划、供应和需求，输出的是一个可行的发货计划，经过进一步的细化后，最终才是执行。S&OP 能够确保对各个业务部门的战术计划做出调整以支持可行的发货计划。

S&OP 是经营计划的行动体现，需要高层重视。把企业的商业计划落地，与每天的经营活动连接起来，就需要这样一套在战略层和执行层之间的计划。

S&OP 的核心是供需平衡管理，它为企业内部各个部门之间搭建了一个平台，企业把所有的计划放在这个平台上，形成了一个完整的计划，并保持需求和供应两者的平衡。

S&OP 需要跨领域多环节参与，跨职能的流程，需要生产、财务、销售及企业高层的参与。S&OP 会议的参会者都是各个相关部门负责人和企业总经理，是供应链部门组织的最高层级的会议。

S&OP 需要及时回顾和闭环管理。S&OP 的重要运行方式是 S&OP 会议，需要每月召开，主要议题有中长期需求审视、上月计划完成情况、供应策略及其假设条件等，S&OP 会议需要及时回顾审视落实情况。

S&OP 在华为实施以来,已经成为华为经营管理团队的火眼金睛,这使得华为高层从流程上参与到企业的计划制订中来,有效地拉通了销售与生产各环节,实现端到端交付。

S&OP 最鲜明的特点是销售与生产协同参与,共同决策,从源头上实现供需平衡;还具有全销售流程参与、提前预判的特点。S&OP 业务具备提前影响销售问题的责任与能力。S&OP 将适当地参与信息汇集,可以更客观地判断业务,就像是销售的品质控制部门。反过来,销售部门也可以通过 S&OP 计划的执行结果来检查销售活动是否达到预期。S&OP 除信息收集以外,更可以成为企业经营者的眼睛。

(二) S&OP 在华为的应用

1999 年,华为启动 ISC 变革,S&OP 被正式引入,很快获得了华为高层的认可,推行之后富有成效。

S&OP 的重要载体是 S&OP 会议。2001 年年初,传输产品的二级计委率先对要货计划评审进行改进,修改会议议程、会议目标和报告模板,会议名称也被改为"供需双方的沟通、协调和平衡",这意味着华为朝 S&OP 前进了一大步。2001 年 8 月,ISC 的 S&OP 项目启动,在流程设计时征求了顾问的意见,华为正式将供产销协调会改为"S&OP 会议"。

华为应用 S&OP 的重要变革是成立计划委员会。华为公司计划委员会是基于 S&OP 运作流程建立的跨领域的销售与计划运作委员会,参与的环节包括市场、研发、计划、采购和制造等。计委分为三级,一级计委隶属于公司财经委员会,公司按照产品和地区部设置了多个二级计委,二级计委以下按照国家和子产品线拆分成立了多个三级计委。如图 5-5 所示。

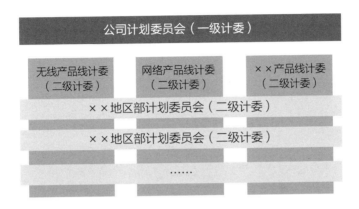

图 5-5 华为计委运作示意图

为了进一步确保计委运作落地,引入 ISC 时,华为开始重视计划体系的建设,将销售、采购和生产等环节的计划全部拉通。在机制配套上,华为成立公司计划部(EPU,Enterprise Planning Unit)作为计委的执行秘书机构,保证计委顺畅运作。

(三) S&OP 会议决策机制

S&OP 是一个由高层管理者领导的决策流程,每月一次或视需要对需求(客户/市场驱动的产品需求)和供应进行平衡,S&OP 通过更高的满足需求和管理资源的能力,改善客户服务水平、满足公司业务目标及支持自身的管理,保持产量的稳定性及采购订单的相对稳定性。S&OP 使用 12~18 个月作为计划展望期。

S&OP 需要综合考虑财务预测、产品计划和交付计划。如图 5-6 所示。

华为的 S&OP 会议分为两级。第一级,是由市场计划、生产计划和采购等环节组织的 S&OP 预备会,预备会侧重的是提前收集信息,提前解决详细的业务问题,为正式会议提出多种解决方案或者建议;第二级,是由公司领导和各部门负责人参加的正式 S&OP 会议。

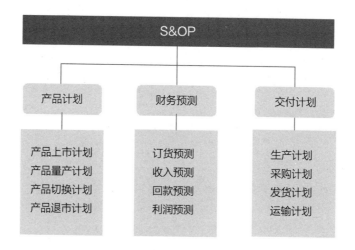

图 5-6　华为 S&OP 运作示意图

S&OP 会议关注的是相对远期的市场需求总量，侧重的是供产销的平衡，避免不能满足客户需求或者导致库存增加的现象。一般来说，S&OP 会议的议题包括中长期需求审视、新产品审视、生产能力和采购量的建议以及假设条件、约束资源和风险评估等。如图 5-7 所示。

图 5-7　华为公司 S&OP 会议运作示意图

S&OP 流程的组织成员，有着非常明确的分工：

市场计划部门：作为市场需求计划的发起者，负责收集市场一线需求信息，制订月度销售预测和滚动要货计划，并协助产品线和地区部进行计划管理工作。

生产计划部门：作为供应链的主计划部门，负责收集供应方面的信息，制订量产产品的生产策略和物料采购计划，是供需平衡的关键环节，保障供应，并实施库存控制。

研发代表：负责提供产品规划路标以及新产品研发进展。

采购代表：负责物料采购计划的实施，提供供应商的采购策略和生产能力信息。

制造代表：负责提供制造工厂的生产能力、场地和物料存储信息。

备件计划：负责制订备件需求计划，满足各地代表处的备件消耗需求。

五、产能规划

（一）产能规划方法

产能是企业在计划期内可以达到的生产能力。产能是根据现有的生产条件，考虑计划期内能够实现的各种技术组织实施效果计算得出的。产能管理的实质是对产能数据的管理和应用，要重视产能的各种数据和实施条件。产能规划的目标是实现供需平衡，一方面保障客户交付，一方面确保资源利用。

经过长期的生产实践，华为供应链根据需求变化、产品特性以及产能资源的各种要素，形成了一套相对完整的产能规划方法。如图 5-8 所示。

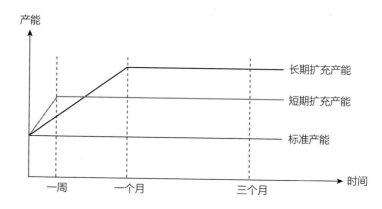

图 5-8 产能规划示意图

标准/普通产能：基于正常业务场景，在标准工作日历下，现有资源可提供的产能。

计算公式：标准产能＝现有可用资源数量×标准工作日历×资源利用率

备注：工作日历指的是计划维护在 ERP 系统内可用于生产实践的时间。

短期扩充产能：在不增加现有资源的基础上，靠临时性的加班、设备超负荷运转、临时增加工艺（人员、工序或设备）等获得的产能，一般只能维持较短时间，并在较短的投产提前期可以获得。

备注：投产提前期指的是从决定投产到实际投产的时间，一般需要一两周，短期扩充产能可维持一到三个月。

长期扩充产能：靠增加资源数量或生产流程和制度改变来获得，是一种可长期运用的扩充产能。需要较长的投产提前期才可获得。

备注：长期扩充产能一般定义为一个月以上。

（二）产能规划步骤

第一步，产能承诺。产能承诺要依照需求计划，以瓶颈工序作为约束条件进行承诺。产能承诺需要录入系统，作为计划供需平衡的约束。一般来说标准产能和短期扩充产能可录入 ERP 系统作为可用产能，长期扩充产能不能作为 ERP 系统的承诺，只能做系统以外的资源规划。

第二步，产能预警。需要区分两种情形，设置两条产能预警线，当需求计划超过产能预警线时，可以根据产能预警的不同程度选择产能解决方案，以指导产能管理。

短期产能预警线：当需求产能接近标准产能时，意味着标准产能不能满足，需要结合短期扩充产能的提前准备期进行预警管理。

长期产能预警线：当需求产能接近短期扩充产能时，意味着短期最大产能也不能满足，需要结合长期扩充产能的提前准备期进行预警管理。

第三步：解决产能缺口。通过设置产能预警线，提前对可能约束的产能资源给予产能扩充的对策建议，并针对各类对策实施预留资源提前期。值得注意的是，产能缺口的解决是一个需求与产能供应动态匹配的过程，目标要盯住需求计划，产能要快速落地，且要注意长短结合，抓大放小。如图 5-9 所示。

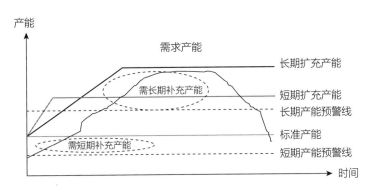

图 5-9　产能规划及其预警示意图

产能出现缺口的两种情形及对策。

情形一，需求产能超过短期产能预警线，可以在标准产能基础上，快速扩充，并在一两周之内快速投入使用，对策如下。

人员：增加班次或加班（1小时/天，1周）；招聘临时工（1周以内）；内部支援（1小时/天，1周）；借用外协（1周以内）。

设备：内部调配或快速购买（1个月内）。

线体：闲置线体利用或线体调配、改线（1个月内）。

场地：内部调配或快速寻源（1个月内）。

外协：自制与外协调配，提高产能利用率（1周以内）。

产品：调整优先级，确保量大产品的资源利用（1周以内）。

情形二：需求产能超过长期产能预警线，无法在现有资源上达成，需要增加新资源，通常需要1个月以上资源准备的投产提前期，对策如下：

人员：招聘新员工，培训准备周期（1个月以内）。

设备：新购（1个月以上）。

场地：新增或新租场地（1个月以上）。

外协：新增EMS工厂或新购线体资源，需要新认证（1个月以上）。

工艺：改进瓶颈工序，提高线平衡率。

产品：重新调整产品与工厂的生产匹配关系，调整产品优先级，或工厂重新导入产品，确保产出最大化（1个月以上）。

（三）产能管理KPI

产能是指在计划期内，企业投入生产的全部资产和资源，在既定的组织技术条件下，所能生产的产品数量，或者能够处理的原材料数量。产能是反映企业所拥有的加工能力的一个技术参数，也可以反映企业的生产规模。企业管理者，尤其是供应链管理者需要重点关注产能，要知道企业的产能能否与市场需求相适应。需要强调的是，产能及其各种KPI是供应链计划的核心工作之一，也是生产制造最基础的管理动作，需要重视起来。

华为的产能术语

需求产能,指的是按照计划需求转换出来的产能,反映的是要多少。

规划产能,又称设计产能,是按照工厂设计文件规定的产品方案、技术工艺和设备,通过计算得到的最大年产量,反映的是有多少。

实际产能,又称可用产能或有效产能,即企业去除内部各项干扰因素影响,实际所具备的生产能力。反映的是可用的有多少。

实际产出,指的是实际的产出,反映的是产能能落实的有多少。

产能 KPI 指标包含产能利用率、满足率和负荷率等,其中最重要的指标是产能利用率,用以衡量实际生产能力到底有多少在发挥生产作用。如表 5-4 所示。通常 80% 的产能使用率被认为是工厂和设备的正常使用率。当产能利用率超过 95%,代表设备使用率接近满点。产能利用率过低,会造成人员、生产设备的闲置及成本的浪费;另外,产能利用率亦可评估产能扩充的需求程度,若产能利用率过高,可能表示产能有扩充的必要性,及时拟订扩充计划,以免受限于固定产能而影响交期。

表 5-4 产能 KPI 指标比较表

产能 KPI	计算方法	适用条件
产能利用率	产能利用率 = 实际产出/规划产能	衡量工厂生产能力的利用情况
产能满足率	产能满足率 = 规划产能/需求产能	评估工厂可提供的产能资源情况
产能负荷率	产能负荷率 = 实际产出/规划产能	一般用生产线体为单位,即为开线率,用来衡量生产线的开线能力
产能效率	产能效率 = 实际产出/实际产能	衡量工厂产能资源的实际产出效率

六、物料齐套管理

物料齐套是指完成某个半成品或成品的生产时,需要所有物料全部到位,能够进行全部工序的生产。物料的齐套很重要,物料不齐套将造成生产停线待工,浪费机台和人力及管理成本,影响生产进度。

华为的物料齐套管理机制要求从源头进行管理,实行三层齐套管理,提前做预缺料管理,层层逼近,确保最终物料齐套上线。如图5-10所示。

华为物料齐套管理机制。

目标:生产必须要齐套上线,杜绝停工待料。

源头:提高计划的准确性,强化计划的执行力度。

过程:实行三层齐套承诺管理,逐层细化,重点是预缺料管理。

结果:生产上线前的齐套检查机制,齐套管理风险预警及升级机制。

方法:匹配齐套管理方法,实行生产指令拉式叫料。

工具:IT系统进行齐套检查,并实现欠料自动预警。

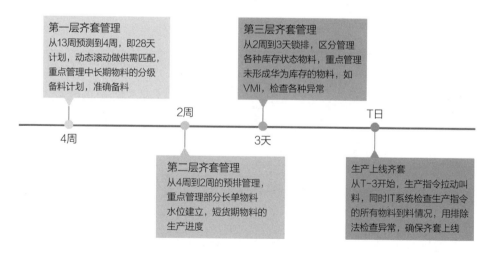

图5-10 三层物料齐套示意图

七、库存管理

库存管理是指通过制订合理的库存政策和运用有效的库存控制手段，使企业维持合理的库存水平和库存结构。不合理的库存导致公司破产的例子比比皆是，相比产品开发的失败，库存不合理造成的损失往往更大。华为在很早的时候就意识到，库存的大幅波动会给企业带来资源浪费、成本增加、资金紧张等一系列的问题。

库存是把双刃剑，一方面能提高供应柔性，但另一方面会占用大量资金。不合理的库存水平将有可能造成企业的资金链断裂。在华为，库存管理的特点主要在于库存规划和日常管理方法。在规划方面，华为有一套成熟的订单履行流程，并且通过与业内标杆比对不断进行改进，往往在年初时就定好了全年的指标。

（一）库存策略

高库存会给企业带来什么？华为认为高库存带来的影响包括掩盖管理中的低效、浪费，回避真正的改进机会，随之丧失久远成功的可能。以下问题均可用库存来掩盖。

产品质量：质量低，员工缺乏训练；

供应商：质量差、服务可靠性差；

生产组织：低效、过时、不适当的流程设计，糟糕的组织结构，低水平的生产控制；

计划：预测不准、计划员职业化水平低；

……

基于以上判断，华为在库存管理上坚持高标准、严控制，其理念是：一手抓交付，一手抓库存。保持库存量一定是为了能及时响应客户需求，维持客户服务水平，避免缺货和失去客户。消费者业务领域更是认为，库存和腐败是公司的两大风险。

（二）库存结构管理及库存分类

华为在建立自己的库存结构时，采用了"纺锤形"结构。这对于大多数按订单生产的企业来说，也是一个比较合理的库存模型，成品及原材料比重相对较小，在制品比重较大。

实际上，库存结构主要依赖不同形态物料（原材料、半成品和成品整机）的供应周期和供应柔性，可按产品工艺、产品清单类型在制造过程中设立停产存储点。各存储点库存水平一般由采购和制造部门来确定。因此原则上讲库存量应该由企业希望维持的客户服务水平、客户合同要货周期和订单履行周期决定，而不能仅考虑生产能力和降低制造成本。

1. 按加工过程中的状态分类

按照加工过程中的状态，库存可分四种基本类型：原料库存、部件库存、在制品库存和成品库存。在财务报表中，库存也是用这种分类法分别加以表示。

原料：用来制造成品中组件的物料。

部件：准备投入产品总装的零件或子装配件。

在制品：工厂中正被加工或等待于作业之间的物料与组件。

成品：备货生产工厂里库存中所持有的已完工物品或订货生产工厂里准备按某一订单发货给客户的完工货物。

2. 库存按功能分类

按照功能，库存可分五种基本类型：波动（需求与供应）库存、预期库存、批量库存、运输库存和屏障库存。各类型库存的功能及优点，如表5-5所示。

波动库存：由于销售与生产的产品数量和需求时间不能被准确地预测而产生的库存。这些需求与供应中的波动可用安全库存来弥补，安全库存也是波动库存的常用名。在生产计划中可以提供名为稳定存货的波动库存以满足需求中的随机变化而不需要改变生产水平。

预期库存：为迎接销售高峰季节、市场营销推广计划或工厂关闭期而预先建立起来的库存。

批量库存：要按照产品的发货速度去制造或采购物品往往是不实际的。因此，要以大于实际发货所需的数量去采购或生产，由此造成的库存就是批量库存。

运输库存：由于物料必须从一处移动到另一处而存在的库存。

屏障（或投机性）库存：在价低时大量购进价格易于波动的物品而产生的库存。这类交易中的重要因素包括价格趋势、废弃风险与物料处理的前景等。

储备库存：为确保供应连续性，减少诸如不可抗力、供应商突然中断等因素的影响，公司经过决策进行策略性储备的库存。

表5-5 各种功能库存的收益对标表

库存类型	功　能	优　点
波动库存	为意料之外的需求提供保障，为供应波动提供保障	增加销售；减少满足预测外需求的额外费用；减少停工与加班、替代物料与货物运入

(续)

库存类型	功能	优点
预期库存	均衡生产量	减少生产能力调整的费用,减少所需设备的富余能力
批量库存	协调制造作业各工序的生产批量和供应商的批量	采购上的折扣;减少生产调整等
运输库存	使产品分配到各个渠道	增加销售,减少运输、搬运与包装费用
屏障库存	防止物料涨价	降低物料成本
储备库存	确保供应的连续性	避免因竞争、不可抗力等导致的公司运行中断,保障供应连续性

(三) 库存成本分类

华为供应链与财务结合紧密,尤其是在库存周转和库存成本的管理方面。每个月财务部门会提取全流程库存数据,供应链据此进行详细的分类分析以及库存控制,双方从成本控制角度对库存进行分析,并向公司提交库存管理报告。库存的持有意味着成本的产生,库存成本可以分为订货成本、库存持有成本、缺货成本和库存的能力关联成本。如图5-11所示。

公司在决定持有多大库存时必须确定每一个具体决定对成本的影响。特别注意,华为认为产生或者消耗库存时导致的能力关联成本也应该计入库存成本,这与业界不少企业是不同的,恰恰体现了华为对库存全面系统的认识和管理。在库存决策中涉及的成本有以下分类。

订货成本。订货成本有两种,一种是由于发出采购订单去向供应商购买物料而发生的成本;另一种是由于向工厂发出订单而发生的成本。

库存持有成本。包括公司由于所持有的库存而发生的一切成本。

缺货成本。倘若客户订货时出现缺料而不能发货,就可能失去销售机会或可能发生华为称之为缺货成本的额外损失。

能力关联成本。与能力有关的成本包括因加班、转包合同、雇佣、培训、解雇与停工时间等产生的费用。当需要增加或减少生产能力,或生产能力暂时富余或紧张时就会发生这种费用。

图 5-11　库存成本分类示意图

(四) 库存控制方法

1. 计划控制

华为认为计划是库存控制的源头和责任管理方,管理库存需要从源头开始,在计划端进行库存结构、库存量和库存处理设置。

首先是采用产品预测准确率的控制方法,建立产品预测准确率模型;其次是及时处理呆滞物料,减少恶性库存。

华为供应链设立低周转/呆滞物料的分级评审机制,分类明确低周转处理周期,以及呆滞物料处理办法,即物料替代或者降级使用,半成品/成品改制使用,物料低价转卖、转服务或报废,如表 5-6 所示。

表 5-6 华为库存低周转评审标准

物料类别	低周转	呆滞
成品/半成品	1 个月	2 个月
原材料/DUN	14 天	1 个月
原材料/NORMAL 结构件	1 个月	2 个月
原材料/电子元器件 IC 电容电阻	3 个月	6 个月

2. 产品改进

产品设计的改进也是库存控制的另一个源头,好的产品设计可以让库存管理更容易,而差的产品设计可能会导致库存管理杂乱无章。

首先是提高物料复用率,减少元器件种类。具体而言是提高产品设计的代际延续性,提高平台覆盖率,保持大部分器件和部件的稳定性,进而提高复用率。

其次是改进产品设计,采用"模块化"生产、延迟制造技术。供应链通过 ATO 模式实施延迟制造,将产品的生产过程分为通用化阶段与差异化阶段,先只生产中间产品或可模块化的部件,尽可能延迟产品差异化的业务,等最终用户对产品的外观、功能与数量提出要求后再完成产品的差异化业务。一方面可以满足客户的定制需求,同时也可以提高制造柔性;另一方面可以减少部件库存和过程库存。

再次是收敛产品的 SKU,提高产品的通用性。SKU(Stock Keeping Unit),即库存管理单元,是分配给产品的唯一的数字代码,以便企业更容易、更有效地管理库存。一般一个型号的产品有多个颜色,每个颜色要用一个 SKU,产品型号相当于 SKU 的集合。

2014 年,华为研发和供应链联合改善 SKU,提高产品的通用性,取得了重大进展。缩减了 80% 的产品型号,同时在产品选型时,将颜色限制在五种以内，超出的特殊颜色要做定制升级处理，这样对应的SKU大幅缩减。在根源上减少了因产品品种过于复杂而给库存控制带来的困难（见表5-7）。

表5-7 华为产品型号缩减情况

项　目	2012年	2014年	2018年
机型数（种）	100以上	100以上	约30
单款发货（台）	200万	中低端500万 高端400万	2000万

3.库存分类管理

在库存控制中，对物料进行ABC分类，以便针对不同类物料采取不同的控制策略。

控制年采购金额大的采购项目可使总库存成本大幅下降。大量分析显示，有约20%的项目占约80%的年采购金额，这正好符合二八原则。

ABC分类方法（见表5-8）

A类库存

企业必须对这类库存定时进行盘点，详细记录并经常检查分析物资使用、存量增减和品质维持等信息，加强进货、发货和运送管理，在满足企业内部需要和客户需要的前提下维持尽可能低的经常库存量和安全库存量，加强与供应链上下游企业的合作以降低库存水平。

B类库存

只需要进行正常的例行管理和控制。

C类库存

只需要进行简单的管理和控制。如大量采购、大量库存，减少这类库存的管理人员和设施，库存检查时间间隔长等。

表 5-8 库存 ABC 分类管理表

项　目	A 类库存	B 类库存	C 类库存
控制程度	严格控制	一般控制	简单控制
库存量计算	依库存模型详细计算	一般计算	简单计算
基础记录	详细记录	一般记录	简单记录
存货检查频率	密集	一般	很低
安全量库存	低	较大	大量

4. 采购控制

当基本的库存控制策略已经不能满足进一步降低库存水平的要求时，采购模式的应用和优化就成为库存控制的首选。采购与库存密切相关。华为根据电信业的行业和产品特点，从采购模式和方法入手，基于库存控制的采购模式优化，采用定性和定量相结合的方法来考虑问题，取得了较好的效果。

首先是通过采购模式来控制库存。针对价值高、需求较为平稳的物料类别，如电子元器件芯片、内存等，采用供应商管理库存（VMI），延迟库存的物权转移时间。针对专用性强，体积较大的物料类别，如包材、电源等采用 JIT 采购，华为内部称为通知到料（DUN），根据生产计划消耗进展来叫料，减少管道库存和生产库存。实施一揽子协议，以频繁和小批量采购代替过去的一次性大量采购，通过加大要货频率并减少单次采购的数量，来减少库存积压。

其次是通过业务外包等采购合作策略来控制库存。具体而言，是与部件供应商、整机 EMS 代工厂共担库存风险。比如可以将整机外包给整机 EMS 代工厂。第一步，EMS 按照研发设计进行整机生产加工，其中大部分零件是由 EMS 代工厂先下单付钱，向原材料供应商购买，然后齐套加工成整机；第二步，向整机代工厂下单采购整机，整机从 EMS 代工厂出库后，才进行库存的物权转移。这样可以将供应链的流程拆分为两部分，主体部分由 EMS 代工厂负责，对应库存也由 EMS 代工厂管理，剩下的成品运输才由自己负责，库存控制难度大大降低。

5. 到料控制

在计划和采购方式既定的情况下，华为非常注意通过到料方式来控制库存，确保计划和采购策略执行到位。

首先是通过到料控制来控制库存。供应链要实时监控物料到达的频率、物料到达时机、物料到达数量，通过生产进度消耗情况、物流库房占地面积等来了解到料进展。同时还要根据物流收货吞吐量、到货均衡性，控制物料到货的进度与节奏，维持进出平衡。

其次是管理采购例外信息。采购例外信息指的是采购订单生成后，如果主生产计划发生了改变（提前、推后、取消），会导致已生成采购订单的相应改变，包括提前、推后和取消三种情况。控制物料的到货主要是加大对例外信息的处理力度，控制不合理到料。具体方法有：把例外信息处理的比例列入采购的考核指标（按金额），每周公布统计排名；同时把这个标准列入供应商考核的指标。对华为的采购员和供应商实施双向考核，确保例外信息对库存的影响程度降到最低。

6. 优化物料发放

在生产制造中有两种物料发放方式，一种是推式发料方式，另一种是拉式叫料方式。两种方式的区别在于，推式发料方式是根据生产指令，将物料发往下一个工序；而拉式叫料方式是指物料的消耗来自下一道工序的需求。显然拉式叫料方式更为精益，会让库存的管理更为简单高效。

拉动式供应链虽然具有许多优势，但要获得成功并非易事，需要具备一定的条件。其一，必须有快速的信息传递机制，能够将顾客的需求信息（如销售点数据）及时传递给不同的供应链参与企业。其二，能够通过各种途径缩短提前期，如果提前期不太可能随着需求信息缩短，拉动式系统是很难实现的。

企业应该大力推行拉式叫料，并精细化叫料指令，实现小批量、均衡化到料，这种情况下供应链不需要持有太多库存，只需要对生产指令做出快速反应。

7. 信息共享

随着信息技术的发展，制造企业与供应商可以共享需求和库存信息，企业内部间的信息传递也能更及时，现代企业这种以"信息"代"库存"的发展，将大幅度减少实物库存，大大减少企业的存货风险。

另外，先进管理系统的使用也为企业提供了更为先进的库存管理工具。在供应链全流程进行库存管理不仅可以降低库存水平，从而减少资金占用和库存维持成本，而且还可以提高客户的满意度。随着组成供应链的企业间关系从过去建立在买卖交易基础上的对立型关系向现在的基于共同利益的协作伙伴型关系转变，供应链各个企业间交流、分享信息，协调进行库存管理成为可能，而先进的库存管理方法和技术的出现使这种可能成为现实。

第四节
采购运作模式

我们要团结一切可以团结的力量，和世界上最优秀的供应商、客户合作，形成最强大的伙伴关系。加强与战略供应商的合作，共同创新，共同进步，推动创新资源、最新技术、最新产品能优先为我所用，实现双赢。我们要给予供应商更多的信任、机会以及发展空间。在同等条件下优先同战略供应商合作，但是如果战略供应商比别人落后了，经过我们提醒，仍然不进步，那我们就只能放弃合作了。

（节选自《任正非与采购干部座谈会上的讲话》2017年8月24日）

一、采购策略

从公司引进IBM变革以后，华为的采购重新构建了自己的采购体系。华为的采购体系包含采购策略、采购模式和供应商管理。华为采购的目标是构建一个世界级的采购运作系统，满足内外部的客户需求，提升公司的客户满意度和核心竞争力。

（一）采购认证方式：集中认证+分散采购

集中认证指的是公司授权采购部门负责对公司所有需付款的采购业务进行集中认证和管理，并对外承诺，确保公司获得采购竞争优势。

而分散采购指的是由公司下属各单位，如子公司、事业部和分厂等实施的满足自身生产经营需要的采购。其特点有：批量小，价值低，开支小；过程短、手续简单、决策层次低；问题反馈快，针对性强，方便灵活；占用资金少，库存空间小，保管简单、方便。

"集中认证+分散采购"的方式，使得采购运作更为简单、快速和高效。公司使用这种方式可以凭借公司统一的组织、流程和IT系统，实现运用集中式的采购策略和数量杠杆、成本最优、选择供应商和管理供应商等目标。同时又可以通过分散采购达到灵活决策，快速响应市场和满足局部要求等目标。

（二）采购组织设置：角色分离+互相制衡

华为的采购认证与一般企业的采购Soursing（战略采购）对应，但是除了供应商寻源、询价、谈判，以及绩效管理等基础工作以外，华为还进行了独创性的设置，增加TQC环节，设置TQC岗位，并且设置采购代表，对应IPD流程，接口研发和制造。采购组织内设置CEG和TQC，与采购履行专员的职责分离，三者互相配合，形成华为独具特色的采购铁三角，如图5-12所示。

采购履行专员：相当于业界的Buyer，即采购员。

CEG，即物料专家团（Commodity Expert Groups），各CEG负责采购某一类或一族的物料，满足业务部门、地区市场的需要。

TQC，在华为一度被称为技术和认证中心（Technology & Qualification Center），后来改为技术质量认证（Technology & Quality Certificate），是华为在采购和供应商之间架起的关于技术、质量的管理和沟通的桥梁。

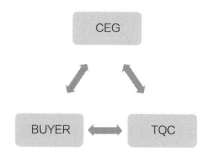

图5-12 华为采购铁三角

（三）采购实施策略：商务+技术

华为采购强大的重要表现之一是采购懂技术，具体就是TQC可以介入研发，推动供应商参与华为早期的产品开发设计，进而取得双方的技术融合以及在成本、产品供应能力和功能方面的竞争优势。CEG 负责商务加上 TQC 负责技术认证，使得华为采购的"商务+技术"的策略无往不利。

二、采购模式

华为采购部门会根据不同的物料属性，需求稳定性以及采购提前期（LT：Lead Time），采取不同的采购模式，确保计划需求的满足，同时让库存得到有效控制。

（一）备料方式

华为采购实行分级备料，用多种模式采购物料，确保物料连续及时供应。采购对物料实行三级备料，即在原材料、半成品和成品三段分别建立适量的库存，以满足一定时期内需求波动和规避各种供应风险，提升交货水平。原材料、半成品库存一般建立在供应商处，而成品库存包括供应商处成品库存、VMI 库存和华为库存等。推行分级备料的方式，让整个供应链条一起承担库存风险，这样也能提高供应柔性。

为确保物料连续供应，华为还实行"储备+长单"的方式。储备是一次下单，一次到货，库存直接放在华为仓库内，同时作为叠加量算入需求中。而长单又被称为一揽子协议，即一次性下单，分批分期到货，不影响需求总量。

针对 IC、元器件等长货期物料实行的储备方式，分为以下三类。

1）连续性储备。针对电容电阻等物料进行连续性储备。

2）关键器件储备。针对 IC 等关键性和战略性物料进行储备。

3）专项储备。这需要根据市场行情进行判断，比如针对 OLED 等当时的缺口物料进行专项储备。

长单的应用场景。

避免货期延长，供应商实施配额和价格上涨等因素导致的供应不稳定或采购成本增长，而下达的超出正常下单范围的物料采购。

长单的清单内应包括：项目编码或类别、型号、描述、到货截止日期和取消提前期等长单协议信息。

（二）物料采购模式

在实施采购策略时，华为采购非常注意利用各种采购方式及其组合，匹配物料特征，实现高效、低成本的采购，如表5-9所示。

JIT（Just in time）采购，又称准时化采购，是一种完全以满足需求为依据的采购方法。需求方根据自己的需要，对供应商下达订货指令，要求供应商在指定的时间、将指定的品种和指定的数量送到指定的地点。

DUN采购属于JIT采购的变种，是华为独有的采购模式。

糖果人（Candyman）采购，是指双方均不设立库存，供应商与自己的上游企业建立联系，下游企业需要什么上游企业就提供什么。

寄售（Consignment）采购，是把货物放在客户那里，客户用的时候才付款的库存。一般是指卖方把货物存放在买方所属仓库，消耗后结账。库存水平控制和货物的物理管理都由买方负责。

VMI（Vendor Managed Inventory，供给商控制用户库存）采购的根本思想是，在供给链机制下采购不再由采购者操作而是由供应商操作。

MRP（Material Requirement Planning，物料需求计划）采购，华为内部称为NORMAL采购，是由企业采购人员用MRP制订采购计划而进行采购的。

表5-9 各种采购模式比较表

采购模式	物料属性	注意事项
JIT采购/DUN采购	专用性强，体积较大	物料采购周期短
糖果人采购	通用性强，价值较低	/
寄售采购	通用性强，价值较高	适合买方强势，如大卖场
VMI采购	价值高，需求较为平稳	/
NORMAL采购	价值较低，需求平稳	/

三、采购品类管理

华为采购建立了物料专家团（Commodity Expert Groups，CEG），每个CEG负责采购某一类或某一族的物料以满足业务部门、地区市场的需要。每个CEG都是一个跨部门的团队，通过统一的物料族策略，集中控制的供应商管理和合同管理来提高采购效率，按物料族进行采购运作的目的是在全球范围内利用华为的采购杠杆。

从2010年开始，华为采购通过组织变革，设置CM（Category Manager，品类经理）这个岗位来贯彻价值采购和战略采购的理念，希望CM能成为行业雷达，从产业链的角度为公司产品构建竞争优势。CM通过对供应商和物料族的细分管理，提高采购业务运作效率，并运用"80/20"定律，使每一物料族所对应的供应商资源库合理化，以便最大限度地运用量的杠杆作用。

四、供应商管理模式

选择好的供应商至关重要：

1）保证物料的顺畅与连续，品质稳定，使成品品质优良；

2）交货量充足，柔性供应，使公司生产发货准确和灵活；

3）更短的交货期，保证公司出货期的快速与准确；

4）供需双方配合良好，改进交付供应模式，综合成本降到最低。

（一）供应商分级认证

华为供应链对供应商的认证实行分层分级制度，具体实施五级认证制度，获取优质的供应商资源，从源头确保物料来料的优质，如图5-13所示。

图5-13 华为的五级供应商

通过扩大供应商选择范围、寻找上游优秀供应商等来降低采购成本是非常有效的战略采购方法，它不仅可以帮助企业找到最优的资源，还能保证资源的最大化利用，提升供应链水准。

市场供应基础：理论上包含行业内所有的资源；

潜在供应商：具有合作潜力的供应商，比如技术、物料等方面的供应商；

合格供应商：符合华为认证标准的供应商；

核心供应商：确保优质资源，合作意愿、合作份额、绩效都达到较好阶段供应商；

战略供应商：建立战略合作伙伴关系的供应商。

（二）供应商考察

华为致力于向所有潜在供应商提供合理、平等的机会，让大家都能够展示自己的能力，获得与华为合作的机会。华为的供应商考察流程，如图5-14所示。

1. 体系认证：认证供应商是否具有持续满足客户需求的能力

如果华为和供应商有意开拓业务关系，采购部门会要求潜在供应商完成调查问卷，问卷的重点是供应商的资质、能力和意愿。

收到供应商调查问卷回执后，采购部门会组织评估问卷，重点审查资质，如有必要也会启动与供应商面谈。

根据问卷及资质评审，采购部门决定是否需要现场考察。

2. 物料认证：认证供应商是否具备提供合格产品的能力

需要进行样品测试和小批量测试，确保供应商的产品满足规格要求，产能满足需求。

采购部门会根据体系认证评审结果，加上物料认证情况综合评估，将认证的结果将通知供应商。如通过评估会与供应商签署采购协议，使其被列入华为的合格供应商名单，采购部门启动供应商基本信息变更及维护。

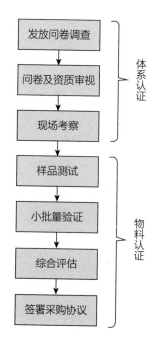

图 5-14　华为的供应商考察流程

（三）供应商绩效管理

华为供应链的评价不仅要看下游环节即面向客户多个环节的运作，还要看内部各环节的运作，同时还要延伸管理供应商的指标。华为内部历来强调产业链协同，强调与供应商休戚与共。

1. 供应商考核指标设置

供应链管理的全价值链视角，让华为实现了对供应商的全方位和多维度管理，供应商与华为真正获得了共同成长的机会。以审核供应商为例，华为供应链实行的是全要素管理，实施七维度考核（TQRDCES），构成完整的供应商管理指标体系。

T：技术，Technique & Technical support

Q：质量，Quality

R：响应，Quick Response

D：交期，On-time Delivery

C：成本，Competitive Cost

E：环境，Environment Protection

S：社会责任，Social Accountability Management system

华为对供应商进行分级管理，将其划分为高、中、低三个等级，来确定需要审核的年度供应商清单。华为每年开展供应商可持续发展绩效评估，并将其作为供应商综合绩效的组成部分，对供应商过去一年的表现、现场审核结果及改善情况进行评估。供应商绩效分为A、B、C、D四个等级，分别代表优秀、良好、合格和不合格。

华为将供应商可持续发展绩效结果与采购业绩挂钩，重点在供应商选择、招标和组合管理等阶段使用。对于绩效表现好的供应商，在同等条件下提高采购份额，优先提供业务合作机会；对于绩效表现差的供应商，要求限期整改，减少采购份额或业务合作机会，甚至取消合作关系。

2.供应商改进流程PMDCA

绩效评估的步骤，遵循分为5步的PMDCA循环，其中P为制订评估标准和计划，M为全过程监控，D为集体绩效评估，C为供应商考核，A为供应商改进。如图5-15所示。对于评估不合格的供应商，有淘汰、降低份额、降级、限期改进等处理方式。同时华为为了帮助供应商进行改进，提出了"三化一稳定"的方法，持续评估和促进供应商改善。

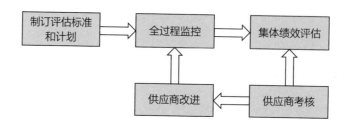

图 5-15 供应商 PMDCA 循环

华为对供应商质量体系的新要求:"三化一稳定"。

管理 IT 化。

1)有完整的管理体系;

2)所有业务有流程支撑;

3)所有流程实现 IT 化,由 IT 系统承载;

4)审视目前 IT 化的现状;

5)确定流程 IT 化基线;

6)制订计划落实管理 IT 化基线。

生产自动化。

1)按工序及作业过程识别哪些工序或环节是依赖人工来完成的;

2)调研和吸收业界的最佳做法;

3)确定生产过程自动化基线;

4)制订计划落实生产过程自动化基线。

人员专业化。

1)识别出关键岗位,特别是影响产品质量的关键岗位;

2)根据华为"高质量"要求,制订出关键岗位人员知识及能力标准和要求,并形成基线;

3)制订计划落实"关键岗位人员专业化"基线。

关键岗位人员稳定。

关键岗位人员的年离职率控制在5%以内。

(四) 供应商能力发展

华为定期开展供应商培训和辅导,引导供应商采用行业最佳实践,将可持续发展纳入业务战略,降低业务风险,提升运作效率。经过多年的探索,华为逐步摸索出了一种低成本高效率的同行对标学习(Learning by Benchmarking)模式,倡导供应商在对标中学习,在竞争中学习,在学习中竞争,提高自身能力。华为认为每家供应商都有其独到的经验和能力,供应商之间存在很大的互补性。针对供应商共同关注的问题,华为会采用邀请专家分享、组织现场研讨、组建线上线下同行对标学习小组等方式,以低成本、本地化的方式让供应商快速学习行业最佳实践。

(五) 供应商风险管理

针对供应商的风险管理,可以对供应商的变化情况进行监控,及时调整供应商合作策略,避免临时大面积的断供或者突然的合作中断。供应商风险管理要注意源头管控,第一环在供应商侧,要强化供应商的风险识别,驱动供应商主动预警。华为采购总结出下述现象,作为供应商预警管理的参考。如图5-16所示。

关停并转:公司生存是第一位的,供应商自身难保,必然不会顾及其他。
股份变动:供应商投资情况,上市公司的股份变动,会影响其投资方向。
策略变动:供应商的投资方向或领域发生变动,会影响合作关系。
人员变动:供应商主要负责人的变动,可能会导致政策和合作意愿的变化。

系统问题：业界越领先，对IT系统依赖性越大，越要关注系统的各种异常情况。

整体产能：产能经常不能满足需求，很可能是欠料的源头。

合作金额：牢记"商业的本质是利益"，合作金额以及在供应商客户群中的排名很重要。

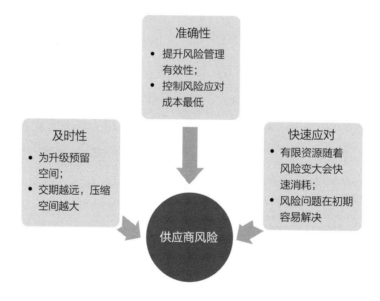

图5-16 供应商风险管理示意图

五、降成本方法

（一）采购总成本

采购成本指的是企业在采购工作中发生的各种相关成本和费用。采购总成本要核算所有因为采购行为发生的成本和费用，包括采购物料成本、物流运输费用、管理平台费用，以及利率赎期损失、质量损失和缺货成本等。如

图 5-17 所示。

采购物料成本：因采购物料发生的费用。

物流运输费用：物料从采购的交付地运输到需求地的物流费用。

管理平台费用：采购过程中所付出的管理成本，比如因收集信息、询价比价和协调所花费的成本。

利率赎期损失：因交付、赎期等造成的利率损失。

质量损失：由于物料质量问题发生的退货、换货产生的费用。

缺货成本：因缺货造成的损失。

图 5-17 采购总成本构成

（二）采购降成本方法

目前来看，业界常用的降成本方法，总结起来可以分为十大类别，分别是 VA/VE、谈判比价、目标成本法、早期供应商参与、杠杆采购、联合采购、优化设计、价格成本分析、标准化和自制外购，如表 5-10 所示。

表 5-10 业界常用的降成本方法

降成本方法	方法要点
VA/VE	通过价值分析（Value Analysis）和价值工程（Value Engineering），建立成本模型，对产品功能性进行技术成本分析，去除多余的功能设计
谈判比价	掌握市场供求信息和行业信息，通过谈判技巧，推动供应商实施降价
目标成本法	提前设定成本策略和目标，在产品上市前做好充分的调研和对标
早期供应商参与	推动供应商早期介入，以掌握产品特性和供应需求量，提前做好产能准备，做到快速爬坡
杠杆采购	集团各单位进行集中批量采购，形成规模效应，增加议价空间，避免组织内不同单位分别采购相同零部件的价格不同
联合采购	统合不同的采购组织进行联合采购，以此形成规模效应，取得较好的折扣
优化设计	优化产品设计提前考虑可采购性、标准化和通用化，产品代与代之间的物料复用率等
价格成本分析	运用专业化工具，分析成本构成的基本要素，进而挖掘降本空间
标准化	为不同的产品项目的物料、夹治具、设备实施规格标准化，同类要进行归一化和标准化设计
自制外购	选择自制与外购的策略，通过自制驱动外购成本降低

经过多年 ISC 变革，华为借鉴业界优秀实践，结合阳光采购和价值采购的理念，形成了一整套独具特色并行之有效的降成本方法，即从目标导向、早期介入、核算准确、强化掌控、分级管理、规模驱动和共同分享上着手使得成本可管可控，华为构建了有竞争力的成本结构，从而有力地支撑供应链战略的落地。

目标导向：设立降成本目标，由供应链与研发共同承担并分解到每一份物料及主要供应商，形成清晰一致的目标。

早期介入：采购早期介入研发的产品设计，并让供应商早期介入产品开发，在产品和物料设计时，提升物料的复用率和可采购性，进而掌握主动权和谈判砝码。

核算准确：建立标准和准确的成本计算系统，来核算产品成本、物料成本和历史成本以及标杆成本分析。

强化掌控：要避免独家供货和过于分散供货这两种极端情况的出现，驱动良性竞争，组建战略和核心供应商队伍。

分级管理：要深入到一级供应商、二级供应商，实行全方位帮扶管理，同时实行JIT叫料，提升供应商库存周转率。

规模驱动：实行集中采购、联合采购和组合采购，形成规模效应。具体而言，华为采购的做法是实施战略采购，选择价值供应商，将其发展为战略和核心供应商。

共同分享：构建长期稳定的伙伴关系，建立合理的利益分享机制，共享合作收益；维护健康的产业环境，打造华为与供应商合作共赢、可持续发展、有竞争力的健康产业链。

六、采购业务的进阶：采购3.0的提出

在华为与核心供应商的合作中，采购业务的发展大致分为三个阶段。20年前，在顾问的指导下，我们建立了基本的采购框架及流程体系，与供应商共同构筑低成本优势，确保及时、准确交付，实行价格采购，建立了"采购1.0"；过去十年，华为关注全流程TCO（全面成本），获得采购综合竞争优势，实行"价值采购、阳光采购"，建立了"采购2.0"；今天我宣布，华为

将进入"采购3.0"时代,即战略采购,与核心供应商共同打造新型战略合作关系,聚焦公司战略目标的实现。

(节选自《互助共赢,开创战略采购新时代》,郭平在2018年全球核心供应商大会上的发言)

华为的采购业务实践在不断升级,早期华为将采购定位为公司的前大门,发展至今,采购成为商务界面的承担者,是公司的采购平台和能力中心,各个类型、属性和产品的采购都被统一划在采购部门。纵观华为采购业务的发展,可以分为三大阶段:"采购1.0"时代,以低成本策略为主;"采购2.0"时代,核心是阳光采购和价值采购;2018年宣布进入"采购3.0"时代,即战略采购时代。

(一)"采购1.0"时代

建立基本的采购框架及流程体系,与供应商共同构筑低成本优势,确保及时准确交付,实行价格采购。

采购的重要职责就是管理公司的商务入口,一个重要衡量指标就是降成本。早期华为一直以低成本优势攻城略地,除研发成本优势以外,另一个主要成本优势体现在原材料上。在20世纪90年代,华为通过与上游原材料供应商的长期良好合作,加上国内资源价格普遍低于国际水平,使得华为在原材料上所花费的成本相对较低。在华为每年销售上千万台设备形成的规模经济效应下,华为的物料成本降到了成品价格的3%以内,优势巨大。

ISC变革实施以后,华为高薪聘请刚从IBM退休的资深采购总裁担任华为采购部总裁。经过两年的优化,整个采购从简单粗放的采购模式全部转变成现代化的采购体系,开始达到国际水平。华为采购率先采取e-supply

电子交易系统与供应商直接进行电子商务对接，中间没有采购人员。在 21 世纪初 IT 最困难的时候，华为采购每年能节约采购成本超过 20 亿元。

（二）"采购 2.0"时代

关注采购综合成本的降低；在保证质量、效率的同时，持续追求供应商之间可比较的成本竞争方式，进而获得采购综合竞争优势，实行"价值采购、阳光采购"。

"采购 2.0"时代的关键词。

利润中心：采购从成本中心转变为利润中心，可以直接贡献利润，每 1 万元的采购成本节约，相当于 5 万~10 万元的销售增长。

资金周转：从关注价格到关注全面成本（TCO），这种采购模式，有助于减少存货，减少资金占用，降低减值及呆死料风险。

竞争优势：从关注绝对价格到关注采购竞争优势（PCA），在行业中能率先获得价格及周期优势，赢得先机。

职业化：具有专业水准的敏锐眼光和业务素养，以及规范化与灵活并存的职业操守，能提供基于对行业理解与把握的超前分析与专业化决策建议。

价值采购：充分利用供应商能给企业带来的全程价值，包括技术领先的产品解决方案、新器件运用、专利共享、联合设计等。

阳光采购：一整套公平、公开、公正的采购流程，透明的过程监控与信息披露，以及事后的内控审计与责任追溯，铲除暗箱操作的毒瘤。

（三）"采购 3.0"时代

"采购 3.0"即战略采购，与核心供应商共同打造新型战略合作关系，聚焦公司战略目标的实现。打开华为 SCS 采购协同平台，可以看到醒目的华为采购理念：华为公司采购进入 3.0 时代，建设战略采购、价值采购、阳光采购的科学采购体系，构筑安全、可靠、有相对竞争优势的健康产业链。

按照华为轮值董事长郭平的介绍，华为未来的"战略采购"具有以下特点。

（1）以支撑企业的商业成功为最终目标

传统采购强调规则的制订与遵从，未来战略采购要以业务结果为导向，专注支撑企业的商业成功。这要求我们与核心供应商实现战略匹配，建立研发、采购、市场、供应等跨功能领域的全面连接，增加合作黏性，但同时我们也不保护落后供应商。

（2）联合创新，共同引领产业发展

传统采购是基于现有能力和资源进行选择，未来战略采购要解决产业链中发展薄弱甚至空白的环节，这要求我们与核心供应商要敢于投入，建立鼓励联合创新的机制，以支持产品持续领先。

（3）建立互信互助的合作关系

传统采购关注中短期收益，未来战略采购要关注长期战略目标的实现。这要求我们与供应商建立互信互助的机制。我们希望供应商安全、健康地活着，这是供应商本身的需要，也是华为的需要。

（4）构建供应韧性，保障业务连续

传统采购要求及时交付、快速响应，未来战略采购要具备供应韧性，应对各种极端情况。这要求我们与供应商建立完备的 BCM 体系，建设强健的供

应链条。

（5） 利用数字化技术，建设极简交易模式

Garnter 预测，到 2020 年，多数公司 75% 以上的业务将会实现数字化或处于数字化转型的路上，没有前瞻性数字化业务战略的企业，在未来 5～10 年将很难生存。华为致力于通过数字化技术简化交易链条，建设极简交易模式，把资金、人力和资源投入更有创造力的工作中去。战略采购与传统采购之间的一般差异是，传统采购仅仅是买方和供应商之间的交易，而战略采购是所有本地和全球资源的整合和协调。

战略采购是开拓竞争优势的新源泉。高于竞争水平的绩效将会在很大程度上创造竞争优势。一般来说，企业追求战略采购的动因来自于达成以下三个主要目标。

（1） 成为供应商的优选客户。多数供应商都希望成为客户优选名单中的供应商，与此相对，大多数客户也都会力争成为上述优选供应商的优选客户。尤其是当供应商为不同产业和不同客户供货时，客户就能很容易获取到行业最新的技术趋势、市场动态和投资方向。

（2） 开发一个供应源，该供应源主动向有利于客户的项目投资，我们称之为特定关系投资。供应商为保持竞争力就要对客户的业务进行投资，多个供应商的投资将会形成聚集效应，进而形成行业优势。

（3） 与供应商达成共命运的目标。当然这里指的并不是所有的供应商，而是关键或者核心供应商。客户与供应商形成战略伙伴关系，这种关系可以称之为相互依存、共同发展，或者干脆称之为共命运。

第五节
制造运作模式

我们的大生产体系架构,包括质量方针/质量目标、计划体系、调度体系、生产体系和工艺体系等,实际上都可以转化为确定性的,比如明确的质量指标、可评价的产出指标和可测量的工艺参数等。你们的计划体系不是指熊乐宁的那个计划体系,那个计划体系是非常不确定的,因为市场是波动的。不要把波动传递到制造系统,制造就是要通过合理地吸收波动,做到均衡生产,按照计划生产出优质产品来。这些确定性的工作怎么融合起来,整个管理过程每一个口的经线是什么、纬线是什么,怎样走向智能化,希望在这一次新架构设计和思想框架的搭建过程中能非常清晰。

(节选自《从系统工程角度出发规划华为大生产体系架构,建设世界一流的先进生产系统》,任正非在松山湖工厂的沟通纪要,2018年2月24日)

一、质量管理

任正非在 2015 年年底曾指出,质量不只是产品、技术、工程质量,而是一个更广泛的概念;大质量管理体系需要介入公司的思想建设、哲学建设和管理理论建设中去,形成华为的质量文化。这种持之以恒的"大质量观"逐渐融入华为的质量文化,在日新月异的科技领域,这种文化催生了华为很强的危机意识。面对质量问题,华为内部有一票否决的制度。

制造部是产品质量最后一道防线,严守出厂质量。制造部以制造质量部作为载体,协同研发设计质量、供应商质量和采购质量等部门,支撑客户满意质量委员会运作,进而推动大质量战略的落地。如图5-18所示。

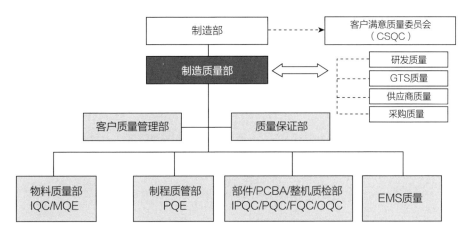

图5-18 华为的质量组织体系

华为实施质量优先战略,制造部的质量管理作为产品质量的落地载体则是重中之重。制造部自2012年成立以来,就被要求对公司产品出厂质量负责。制造部不仅推进研发与设计融合,在产品设计中构筑质量,而且不断实施质量前移,与供应商和EMS代工厂协同改进质量。制造部作为质量管理的拦截大坝,在生产过程中建立了多个控制点,收集产品质量表现信息进行对其进行统计和分析,并根据这些数据建立KPI指标,监控研发、物料、生产和客户等各个环节,分析绩效表现,以识别改进机会。

华为质量方针明确提出,要做ICT领域高质量的代名词,即要做业界的质量标杆。如果目前华为产品的质量和业界标杆有差距,那么就要快速赶超,每年必须以改进率不低于30%的速度去改进;即使成为业界标杆之后,每年依然要以20%的改进率去改进质量。

华为制造部联手研发和采购，实施产业链协同，从源头管控质量，做到严进严出。以终端公司为例，在奉行"优质优价"策略的同时，华为将其质量管理体系渗入供应商的体系中，建立了全面领先的 QMS（Quality Management System，质量管理体系）审核体系，从外到内、从过程到结果实施全覆盖，对供应商和 EMS 代工厂的体系、流程和产品等方面进行筛选和认证，并对合格供应商的表现进行持续监控和定期评价，确保质量策略的落地。如图 5-19 所示。

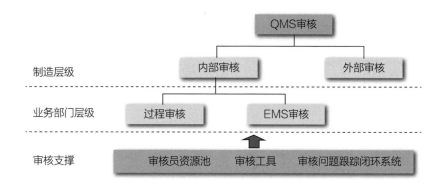

图 5-19　华为 QMS 审核体系

二、自制与外包管理

（一）分包公司阶段

1998 年 ISC 变革项目推行时，经过研究和论证，IBM 专家认为华为的核心竞争力在于技术的领先和市场的优势，在供应链管理的过程中只要牢牢把握住核心竞争力，其余非核心部分完全可以外包出去，分包给那些专业公司。

从 2000 年开始，华为出台一系列优惠政策和财政支持，鼓励原部门主管和业务骨干内部创业，注册成立专门为华为公司服务的 EMS 代工厂，及其他服务商（如慧通），一时间深圳市就有大大小小上百家分包商专门为华为服务。为实现平稳过渡，刚开始这些EMS代工厂业务上受华为公司供应链管理部管理，经济上独立核算，后来就完全独立出来了，如华荣和华灏就是那时候创办的。新成立的EMS工厂，以平等身份与华为核心制造厂一起来竞争，保障了变革后的产品质量，同时也把制造成本结构性地降了下来。这样做不仅发挥了专业分工的优势，而且降低了成本，减少了管理难度，提高了华为供应链的竞争力。

华为常用以下几种化工方式。

OEM（Original Equipment Manufacturer）原始设备制造商，接受客户指定，按原图设计代工制造，纯粹代工服务。OEM的原始概念（国外的通行概念）是指合约制造的发包方，即品牌厂商。

ODM（Original Design Manufacturer）原始设计制造商，为客户提供设计、制造代工的服务，能做设计服务。

JDM（Join Design Manufacture）联合设计制造商，为客户提供制造服务，并与客户联合设计部分产品工序或者部件等服务。

EMS（Electronics Manufacturing Services）电子制造服务商，面向全球提供经济规模的电子专业代工制造服务。

可以说ISC变革不仅推动了集成供应链在华为的落地，同时帮助华为在制造业务上先行先试，探索了自制外包策略的有益实践。随后华为进入高速增长和全球扩张阶段，专业分工+聚焦核心能力的战略落地使得华为轻装上阵，客观上使得华为专注于其擅长的技术、市场和管理层面的能力建设，给华为公司的快速发展带来新的活力。

（二）EMS 管理阶段

企业选择自制或者外包，本身就是一种供应链战略。在泛网络领域，华为一直坚持聚焦核心制造能力建设，制造部门从早期的制造部到后来的全球制造部，无论是人员还是技术都较为稳定，自制生产保持比较高的比例。经过多年发展，华为泛网络的外包管理走过一条不断发展和升级的路，外包管理的水平得到了全方位的提升。

第一阶段，生产工序外包，走的是专业化分工的道路，如 PCB 单板自制，整机外包。

第二阶段，成本驱动外包，对自制与 EMS 进行价格比对，在专业化分工的基础上，价格成为决定是否外包的主要因素。

第三阶段，生产模式外包，在此阶段，华为制造与设计高度融合，制造掌握产品的关键生产能力（包括先进的流程、装备／工艺、软件和质量管理等），生产模式包含质量方针／质量目标、计划体系、调度体系、生产体系和工艺体系，支撑华为实行全生产工序外包，外包与否取决于华为是否具备核心能力。

（三）终端制造模式

作为后起之秀的华为终端，在自制和外包管理的道路上，则走得更为曲折和艰辛。华为终端公司在 2005 年取得了生产资质，开始生产终端产品。由于制造能力积累不够，终端公司开始进行能力补足，一方面全方位与当时世界一流手机品牌的 EMS 代工厂合作生产手机，另一方面大量引进手机 EMS 代工厂有经验的制造人才。虽然终端公司较早地建立起了自己的生产线，可以生产包括手机和数据卡等全系列终端产品，但基于当时华为终端公司的战略，以及受制于制造专业技术积累的不足，早期华为终端自制车间生产都是以试制为主。从终端公司独立开始，EMS外包一直是华为手机的生产主力。

2009年，终端公司一度坚持所谓轻资产策略，将自制生产人员分流，直到华为整合制造业务成立制造SBG，终端公司才最终依托华为制造大平台建立起了新的手机生产线。终端自制生产线建起来以后，以"自动化+数字化+精益生产"的方式，实现设备与人在智能化制造上的同步升级。终端自制生产很快后来者居上，不仅超过老大哥"泛网络"，到2018年，有的生产线能够以28.5秒每台的速度生产手机，称得上国内乃至全球最先进的智能化生产线，成为华为供应链核心竞争力的象征。

（四）轻资产或重资产

自制和外包的选择，是供应链战略的具体反映。企业选择自制或者外包，从资产管理的角度来看，其实质就是轻资产与重资产运营模式的策略选择。

轻资产运营模式，是指企业紧紧抓住自己的核心业务，而将非核心业务外包出去。轻资产运营是以价值为驱动的资本战略。

重资产运营模式，是指企业在厂房、设备等方面投入大量资金，形成固定资产，以求通过规模经济获取效益的运营模式。

21世纪以来，以苹果为代表的ODM/OEM外包战略为企业带来了丰厚的回报，以丰田为代表的零库存战略为企业节省了大量的成本。因此，有种声音开始占据主流，即外包和零库存将成为供应链的主要战略，而重资产运营将逐步丧失竞争力。

华为历来强调核心能力体系的构建，无论是技术能力还是供应链管理能力,都要做到不受制于人,不能把命运交到别人手上。对于重资产与轻资产的选择,逐渐形成一套明确的标准,那就是看是否有利于构建核心生产能力;是否有利于掌控供应链,整合供应链上下游的供应商、物流商和分销商。

简单地把轻资产或重资产来作为供应链战略选择的标准,其实并不准确。事实上,轻资产或重资产孰优孰劣是个伪命题,因为企业的竞争战略决定了其应具备的核心能力,而核心能力决定了企业投入的方向。无论是外包还是自建,无论资产是轻是重,都应当回归到核心能力这个本质上来。

三、发展核心制造能力

故事　在头发丝上跳舞

智能手机兴起以来,追求极致体验成为市场潮流。手机的屏占比要求越来越高,华为 ID(Industry Design,工业设计)团队为追求极致的手机外观,将窄边框粘接宽度从 1.5mm 缩减到不超过 0.4mm。

0.4mm 大约是 4 根头发丝的宽度。要追求这个宽度,如同在头发丝上跳舞,这对手机显示屏与结构件的粘接工艺要求很高,如何让它们牢牢相连?成为挡在新产品导入工程师前面的拦路虎。

为解决这个大难题,研发和新产品导入团队反反复复研讨各种可能性,识别出其中最大的问题就是显示屏与结构件分离的问题,症结就在于结构件边缘设计和点胶工艺上。因为点胶的宽度只有 0.4mm,要在这个宽度上施展工艺,就如同让飞机在狭窄的山路上起飞,如果弯道过多则不能起飞,要想顺利起飞,必须将山道磨平拉直。于是,大家在实验室里苦苦煎熬 4 个月,没日没夜地进行分离实验和枯燥无味的残胶分析试验。

经过对不同材质结构件、不同湿度环境和产品组合进行分析，识别出了30多种方案，再对各种方案进行反复验证，终于找到了最短时间的点胶工艺方案。点胶工艺的进展，使得显示屏和结构件粘接的历史难题得到突破。也正是通过此项工艺改进，使得华为终端的点胶工艺从此成为业界标杆，而华为高端手机的超窄边框也成了新卖点。

从1.5mm到0.4mm，其实留给制造工程师们的"舞台"并不大，但正是凭借精益求精的工匠精神，他们敢于在头发丝上跳出优美的舞蹈，从而赢得了广大消费者的"芳心"。

2012年，华为对制造业务进行全面整合，同时整合成立了新的EMS管理部，对泛网络和终端公司的EMS代工厂进行统一管理，华为的制造外包管理进入新的阶段。外包整合以后，华为开始全力打造核心制造能力，定位是华为全系列产品的制造平台。此时，华为制造积极转身，确立了新的制造战略：精益生产是基础、智能制造是方向、核心制造是保障、优先实现高质量。

（一）建设技师队伍，培养工匠精神

特别值得一提的是，2000年年初，华为重金聘请日本丰田精益生产创始人大野耐一的嫡传弟子增冈范夫到华为辅导精益生产。增冈范夫曾使丰田生产系统焕发出崭新的生命力。日本精益导师教给华为的是"现场现物"，并推动华为打开精益改善之门。2006年3月，制造部成立HPS（Huawei Production System）改善团队，类似于制造部门的蓝军部。HPS团队由少量制造经验丰富的专家组成，承担制造领域的改善活动。精益生产在华为制造不断开花结果，HPS团队硕果累累，并推动各部门设置改善团队，各车间设置改善专员，形成华为独具特色的改善制度。

华为制造部提倡的"技师文化",鼓励生产线员工多想、多试,坚持大志小行,"从大处着眼,从小处着手"改进生产流程。工匠精神和技师文化已在华为工厂生根发芽,对于生产线的工人来说,华为鼓励他们成为现场改进的技师。

(二)对准客户交付能力,以制造周期为目标牵引各环节改善

早期华为生产实行的是批量生产模式,生产过程中等待多、浪费多、周期长。面对不断加速的供货要求,华为不断加强供应的快速响应能力,整个生产体系选择以缩短制造周期为主线,持续进行精益改善,把制造业务做精做简,再大力推行生产自动化、数字化和智能制造,持续减少乃至消除各种等待和浪费,因此取得了生产周期、质量和效率的同步改善。

在供应链运作周期管理中,对于信息流类的合同处理周期和排产提前处理期要尽可能缩短,实行一站式操作。在供应链运作周期管理中重点是改善生产制造周期,制造是供应链的核心能力之一,以此作为龙头牵引各环节改善能力,改善输入的排产处理、物料发料情况,改善自身的瓶颈工序、质量处理和各类异常处理能力,改善成品出库以后的下线理货发货能力。图 5-20 为华为周期改善示意图。

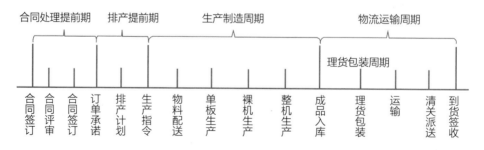

图 5-20 华为周期改善示意图

根据华为制造改善经验，制造周期改善可以分为以下三步。

第一步，优化平均周期，缩短实物流管道，确保具备整体的周期运作能力；

第二步，改善 95 分位值对应的周期，华为内部称为 95% 收敛度周期，重点是改善各类异常超期数据；

第三步，拉通前后端，比如物料到料、计划排产、成品入库等，对准客户交付需求进行改善。

举例：收集 100 个数据，从小到大排列，95 分位值就是第 95 个用户的数据，50 分位值就是第 50 个人的数据。

四、制造业务的改善：精益生产 + 智能制造 + 精密制造

目前制造业务已经形成全面支撑华为三大 BG 全球业务的制造大平台，覆盖无线、网络、终端（含手机）、IT 类、CT 类、能源、光器件等公司所有产品，包括一般意义的制造车间、工程、设备和新产品导入即 NPI。

华为制造立足松山湖总部，采用自制和外包结合的模式，覆盖全球各大区域。松山湖总部既是制造技术与能力的孵化中心，负责所有新产品试制、高精尖技术及高端产品等核心制造业务；也是全球制造的管理中心，对数十个 EMS 制造点进行制造过程的可视化管理，向它们提供远程技术支持。

（一）制造战略的形成

在 ISC 变革时，制造也是重点领域。在质量控制和生产管理方面，制造部门与德国国家应用研究院（FhG）合作，对整个生产工艺体系进行设计，包括对立体仓库、自动仓库和整个生产线的布局，使得生产周期大幅度缩短，

生产效率和生产质量也稳步提升。同时，制造部门开始建立严格的质量管理和控制体系。2003年左右，很多合作伙伴在对华为生产线进行认证的时候，纷纷反馈华为的整个生产线是亚太地区最好的生产线之一。其中的一个重要指标是生产体系能达到20PPM，即每100万个点当中只有20个点有质量问题，接近当时全球质量领先的飞利浦公司的16PPM。

制造的大发展是在2012年制造部门独立以后，制造部门在华为的地位开始不断攀升，智能制造已经上升为华为公司战略的一部分。进入2018年，华为开始把制造部门当作一线部门，在某种程度上与销售部门相提并论。制造部门是产品价值的实现环节，产品研发、设计和商务界面的实现都在制造部门，制造部门地位的提升彰显了华为对制造的独到理解。制造部门开始大力发展核心制造能力建设，着眼于质量优先战略，提出了全新的制造战略：精益生产是基础，智能制造是方向，精密制造是高地。

精益生产。2000年以后，制造部门开始引进丰田生产方式TPS，并邀请了丰田TPS顾问来帮助华为全面推行精益生产。坚持顾问改善周和QCC（品管圈，Quality Control Circle）18年，加上各领域的技能发表大会，形成了华为生产系统HPS。

智能制造。2013年，华为开始全面推行智能制造战略，从标杆线到标杆车间到标杆园区，打造松山湖智能工厂。

精密制造。2013年，华为制造开始自己生产工装，着手摄像头、显示模组等精密部件先进材料、工艺、技术的开发，形成较为完善的精密制造体系。华为的精密制造包括微纳加工工艺，光学容差设计，光学粘接工艺等。

（二）建设数字化指挥中心

客户订单/供应计划信息传到制造工厂，实现共享式集成、自动化处理。

生产信息流通过 ERP 把订单/计划信息透传到 MES＋，通过 MES＋实现客户数据驱动按价值流自动化生产。

产业链上的供应商、制造工厂全过程互联，订单状态、供应商来料状态和生产过程状态透明可视，客户下单后就可以直接看到产品制造过程，查看他要的产品的生产进度，生产完成就可以直接送到指定地点。大数据、可视化管理，远不止生产基地，上至全球供应商的质量控制，下至维修店的故障分析，均可在华为全球制造支持与指挥中心的"数字大脑"上随时调取并进行大数据分析。生产基地的标杆车间中的每一台生产设备、每一件物料甚至每一位员工，都成为物联网上的一个可视化的节点。如图 5－21 所示。

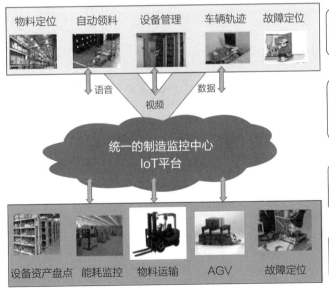

图 5－21　数字化指挥中心示意图

第六节
物流运作模式

华为供应链物流在具体运作层面分为两个部分：面向客户交付的销售物流，归口为物流部。物流部负责运输管理、进出口和海外物流节点 HUB 管理等，作用是快速将产品运输至客户指定的交货地。面向制造端的生产物流，归口为物料配送部。物料配送部负责收存发的仓储管理、收货管理、发货管理以及自动物流中心等，作用是实现物料快速集结至生产线。

一、物流操作原则

在物流发展过程中，华为曾经总结过一整套物流操作的原则与规则，其基本来源是物流的 7R 原则，即适合的质量（Right Quality）、适合的数量（Right Quantity）、适合的时间（Right Time）、适合的地点（Right Place）、良好的印象（Right Impression）、适当的价格（Right Price）和适合的商品（Right Commodity）。经过场景适配，华为物流部门总结出比较核心的原则是账实一致、授权操作和标准化等。

账实一致是物流操作最基本的原则。所谓账实一致，又称账实相符，指的是物流的系统账、实物数和卡片记录要保持一致，而且是动态一致。账实一致的衡量指标是库存准确率。要注意的是，账实一致实现的手段不仅仅是盘点，盘点仅是对结果的检查，账实一致的关键在于过程管理。通过过程管理中合理化摆放、条码化过栈、数字化采集等手段，确保出入库逐单准确，从而确保物流的账实一致。

授权操作也是华为物流的实践总结。物流的操作必须来自于订单和计划的指令，这体现了信息流和实物流的统一。物流本身不能做实物出入库动作，这里最初的考虑是怕丢货，如果物流部门自身能实现实物出入库，极容易出现监守自盗的现象，且难以调查。

标准化的操作原则与产品通用化的设计原则相似，这一操作原则体现出华为供应链打通了高效运作的价值链。标准化强调物流规划必须选择标准化的容器，最短的路径，通用的设备，确保物流作业的合理化。

二、直发与直提

供应链的快速发展，使得华为对整体运作管理的精细化要求进一步提高，需要持续不断地缩短供应链运作周期。物流领域从内而外进行改善，率先改善的是从供应商至华为这一段的物流运输情况，其目的在于消除迂回路线，实现原材料直发至生产线；进而改善的是从制造到客户这一段的物流运输情况，去掉成品仓存储环节，实现成品下线即发货。如图5-22所示。

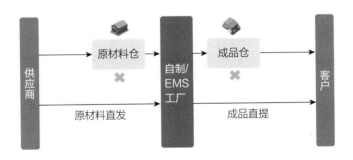

图5-22　原材料直发和成品直提示意图

原材料直发，即S2F（Supplier to Factory），指的是物料不经过中央仓，而是从供应商直接运输至华为的自制生产线或EMS工厂。具体是在包材、电源、电池、结构件等体积大而金额不高的物料品类率先实行原材料直发，从而大幅缩短物流运作周期。

成品直提，又称为工厂直发，即 F2B（Factory to Business），指的是产成品在工厂完成生产加工和包装以后，直接由物流承运商运输至客户指定的地址。成品直提不需要经过成品仓，下线即发货，这样可以缩短成品暂存、储存时间。

三、线边超市

线边超市，即 Line side supermarket，来自于 TPS（丰田生产方式）。华为制造的日本丰田顾问将其在华为进行了推广，具体做法是取消中心仓，建立线边超市。线边超市是预订存放标准库存的地方，以供应下游工序生产，线边超市通常都被安置在工位附近，以便于生产操作员能够看到库存量。库存超市中的每个产品，都存放在一个固定的位置，供材料搬运员提取下游所需的产品。在拿走一个产品之后，上游的材料搬运员就会把一个生产指令（例如看板卡或是一个空的箱子）带回上游工序。如图 5-23 所示。

线边超市的意义在于在不能整流化的地方设置物料超市，然后以看板指令的形式实现后拉计划生产。精益生产通过整流化的生产，使得物料发料周期大幅缩短，整体的物流配送流程效率得以彻底提升。需要注意的是超市的要求比较高，应从整体的效率出发，单看点上的改善意义不大，甚至点上的改善对系统而言还有可能是危害。

超市系统的设计，需要注意如下事项。

1）物料分类。按照消耗分类，而不是物料类别分类，针对高频物料建立超市。

2）超市选址。越靠近使用点越好，其目的在于减少搬运次数。

3）发料方式。按照生产线需求和消耗进度实施拉式发料，而不是推式发料。

4）缓冲库存。考虑生产线每天用量和周转箱容积，设立缓冲库存。

5）包装设计。上线包装设计标准化，采用标准化的托盘。

6）超期物料。针对超期物料，定期清理，责任挂牌督办。

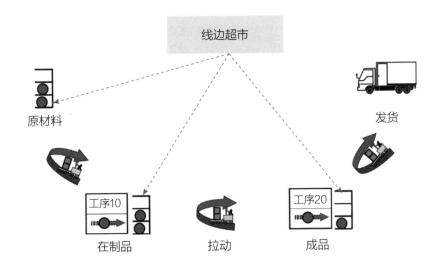

图5-23 线边超市示意图

四、物流业务的演变：从自动物流到智慧物流

自动物流，是指通过物流作业过程的设备和设施自动化，如自动识别系统、自动检测系统、自动分拣系统、自动存取系统、自动跟踪系统等，实现物流的自动化作业和管理。智慧物流，是指通过智能硬件、物联网、大数据等智慧化技术与手段，提高物流系统分析决策和智能执行的能力，提升整个物流系统的智能化、自动化水平。

2010年以后，华为物流部门按照服务对象一分为二，一部分是面向客户订单的销售物流部分,如运输、进出口和全球供应网络的 HUB;另一部分是面向制造的物流部分,定位是服务于制造,核心是账实一致与物料配送,如原材料收存发。

华为物流经历过数代自动物流中心的改进,目前已经进入智慧物流和数字化仓储阶段。如表 5-11 所示。

表 5-11 华为自动物流中心发展情况

自动物流中心	主要功能	说明
坂田自动物流中心	华为第一个自动物流中心,占地面积 1.7 万平方米,是华为的中央库房(一级库),用来存储全球采购的原材料,包括 PCB 板、元器件、部分电缆和部分结构件等。 自动物流中心由自动化立体仓库为核心的仓储系统、自动分拣与输送系统、条码与 RF 系统等组成,在仓储管理系统(WMS)的指挥协调下,完成原材料的入库、存储、分拣和出库	物流中心实现了仓储和分拣无人化作业,库存数据正确率为 100%,确保先入先出,物料移动路径大大简化,物流作业效率大大提升
松山湖自动物流中心	2012 年,华为将制造业务由深圳坂田搬迁至东莞松山湖工业园区。松山湖自动物流中心占地面积达 2.5 万平方米。 华为松山湖物流中心按功能模块分为不同区域,包括栈板存储区、料箱存储区、货到人拣选区、高频物料拣选区和集货区等,以多位一体的先进模式,实现物流端到端业务的可视及决策性业务智能处理。 该物流中心采用射频(RF)、电子标签拣货系统(PTL)、货到人挑选(GTP)、旋转式传送带(Carrousel)等多种先进技术,集物料接收、存储、挑选、齐套和配送功能于一体,是华为重要的样板点基地	大大提升了物流各环节协同运作效率

(续)

自动物流中心	主要功能	说明
智慧物流与数字化仓储项目	旨在通过构建实时可视、安全高效、按需交付的物流服务能力，提供交付保障，提升客户体验，改善物流运营效率。项目已经初步实现了物流全过程可视，打造了收发预约、装车模拟、RFID 数字化应用等系列产品	正在实施

扩展阅读：

《任正非与采购干部座谈会上的讲话》，2017 年 8 月 24 日（请读者自行在网上搜索）。

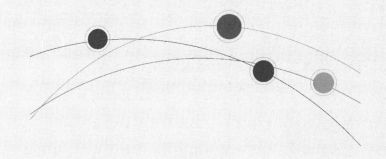

第六章

展望:
供应链的发展趋势

故事 华为的汶川地震保卫战

2008年5月12日晚上11点,华为领导层召开紧急会议,成立抗震救灾领导小组,制订初步工作方案。当晚,华为总裁任正非、董事长孙亚芳向中国各大运营商发出信息,表示将全力支持抗震救灾工作。

灾情就是命令,公司上下全体首先想到的就是救灾和恢复通信,为此公司决定全力投入四川汶川的抗震救灾的通信保障和恢复工作中。在四川抗震救灾领导小组的指挥下,华为与各个运营商的工作人员一起连续数日通宵值守。为尽快满足地震灾区的通信设备需求,供应链马上成立了抗震救灾应急指挥部,安排专人24小时值班。华为在无合同、无订单的情况下,组织各部门员工通宵投入生产。同时,华为迅速成立相关评估小组,对灾区受损的基站等设备进行调查,因地制宜,为灾区的固定和移动运营商及时提供抗震救灾的通信保障解决方案。

由于全国各地的物资纷纷运往灾区,运输道路受到很大限制。华为利用包机等各种方式把应急通信设备送到现场。截至5月18日,华为捐赠的第一批2000多万元抗震救灾的通信设备已陆续运抵成都和各个灾区。截至5月20日,华为已成功调集600吨(2500立方米)无线、固定、传输、数据、终端和配套通信设备,并在第一时间送达灾区。

进入2019年,世界格局呈现新的趋势,面临百年未有之大变局,我们正处于一个变化莫测的VUCA时代。波动性(volatility),不确定性

（uncertainty）、复杂性（complexity）和模糊性（ambiguity）正在不断挑战我们赖以生存的理性和智慧。尤其是经济危机爆发或者企业发生突发事件时，企业面临严峻的生存和发展问题。

在未来充满不确定性的世界里，企业必须要找一个探寻认知变化的锚，制订长期目标，分析市场竞争对手，合理分配资源，建立可持续的竞争优势。而供应链正是这个有利的锚，供应链在企业管理中的地位被提高到新的高度。企业需要加快供应链的能力建设，加快流程再造和转型升级，促使企业对内部资源和外部环境进行优化配置，进而达到新的最优状态。

华为供应链走过的艰难曲折的道路，以及在其中总结提炼的经验、方法和工具，让我们能更清晰地看到供应链领域未来的发展方向。

第一节
供应链的价值导向

长期以来，供应链管理的核心是对上游供应商和下游客户的整合与关系管理，但随着以华为为代表的ICT（信息、通信及技术）相关技术的进步和平台模式的兴起，供应链管理的边界开始拓展到客户的客户（甚至C端用户）和供应商的供应商。华为供应链逐渐走上发展大供应链的道路，从构建供应链的内部能力，到实现供应链在企业的内部集成，并不断延伸到供应链的外部集成，华为开始形成"供应链+生态圈"的创新模式。

早在2004年4月28日，华为创始人任正非在广东学习论坛第十六期报告会上发表主旨讲话《华为公司的核心价值观》，明确提出：现代企业竞争已不是单个企业与单个企业的竞争,而是供应链与供应链的竞争;企业的供应链就是一条生态链,客户、合作者、供应商和制造商在一条船上。只有加强合作,关注客户、合作者的利益,追求共赢,企业才能活得长久。

五年以后,2009年4月24日,任正非在运作与交付体系奋斗表彰大会上发表讲话《深淘滩,低作堰》,再次强调:低作堰,就是要节制自己的贪欲,自己留存的利润少一些,多一些让利给客户,善待上游供应商;将来的竞争就是一条产业链与一条产业链的竞争;从上游到下游全产业链的整体强健,就是华为生存之本;物竞天择,适者生存。

2014年2月19日,任正非在致全体员工的一封信《自我批判,不断超越》中提出:今天的华为已经成长为一家业务遍布140多个国家的全球化运营公司;我们一方面必须能够充分整合全球的内外部资源,打造全球化的价值链;另一方面还需要通过基于各个区域和国家的本地化运营,将全球化价值链的优势与本地市场的实际情况充分结合,快速满足当地客户的需求,并为当地社会的发展做出贡献。

上述三段讲话均节选自任正非的讲话,分别强调了生态链(供应链)、产业链和价值链(以下称三链)。

为什么三个链一起讲?

供应链是从生产和流通的角度来说的一个概念,涉及的是给最终用户提供产品或服务的相关单位的经营活动。企业都在进行设计、生产、销售和辅助生产等各种经营活动,所有这些相互关联的生产经营活动,构成了一个创造价值的动态过程,即价值链。产业链是基础,财富的创造还是要靠各类经营实体,制造商、物流商和供应商。产业链的范围大于供应链,产业链本质是一个具有某种内在联系的的企业群,是个较为宏观的概念。产业链最终的目的是追求价值创造,而价值创造的关键是供应链,如果供应链是落后的,再庞大的产业链也创造不了多大价值,所以三链之间是非常紧密的,三链都要强调。

要打造大供应链,必须要思考三件事:连接、利益分配和生态组成。首先是连接哪些参与者,为什么要和它们连接;其次是连接之后怎样合理设计生态圈发展机制、利益分配机制,公开透明地记录平台发展数据,与生态圈的参与者合作共赢;最后是形成的这个生态如何产生多边效应,实现价值共创。

一、企业的核心竞争力

进入21世纪以来,企业间、产业间、国家间的竞争越来越凸显出供应链的重要性,欧美很多发达国家高度重视供应链的发展,将供应链战略上升为国家战略。中国近年来连续发布关于制造和供应链的战略文件,其中国务院于2015年5月印发的《中国制造2025》,以及2017年10月13日国务院办公厅发布的《关于积极推进供应链创新与应用的指导意见》,无不凸显供应链的战略地位。

客户需求快速变化,市场竞争日益激烈,企业之间的竞争逐渐演变成供应链之间的竞争。企业要想获得竞争优势,就必须善用供应链理论、方法和模型,用以提升核心竞争力。企业运营一般包含三个基本领域:产品、供应链(含制造)和营销,即所谓的研产销。具备研产销全链条的公司只要抓住机会,持续构建关键核心技术,就能构建核心竞争力。因为企业的核心竞争力需要产品来体现,不仅是产品研发能力,还是制造技术能力的综合体现,而研产销一体化公司最容易获得机会。

企业开始关注供应链管理,首先是因为企业面临的各种各样的问题,包括客户个性化的需求,成本的压力越来越大,市场的预测越来越难,同行的竞争越来越激烈等；其次是因为竞争的领域发生巨大变化。20世纪90年代以前，低成本竞争大行其道，因为当时创新性的产品非常少，以标准化产品为主。在当今经济全球化和社会市场化的大背景下，企业之间的竞争已经达到白热化的程度，从单一产品竞争到多产品竞争的时候，质量就变得更重要，交货的重要性也凸显出来。从单纯的比价格到比质量，再到现在的比交货、质量、成本、柔性服务、速度和创新等综合能力，整个竞争环境的变量越来越多。如何构建差异化壁垒和核心竞争力已经成为企业战略的关键课题。传统的价格竞争、广告竞争、品牌竞争和产品差异化竞争等模式，已经越来越难以与竞争对手拉开差距。未来企业间的竞争，再也不是单个企业间的竞争，而是供应链间的竞争，企业要在未来的竞争中获得优势，就要看供应链的磨合程度。

总而言之，由于产品生命周期不断缩短、市场竞争日益激烈、信息技术快速发展，供应链呈现出越来越重要的趋势，企业之间的竞争逐步上升为供应链的竞争。

二、企业利润的新源泉

传统的观点认为，一家企业的竞争力在于，培育自身资源和能力，获取外部可寻资源并加以综合利用，从而能够比其他企业以更低的成本、更高的效率以及更令人满意的质量来为广大消费者提供产品与服务。然而，企业竞争的各要素越来越同质化。在同行里，不论是发展战略、新技术和新产品，还是人力资源、管理工具（包括软件）都越来越趋同，从概念到方法论都相差无几。在这种竞争要素越来越趋同的形式下，企业靠什么超越对手、保持领先？

单靠企业自身的努力已经不能应对当今社会日益激烈的竞争，而供应链管理，恰好是企业提升竞争力的有效途径和赢得竞争优势的重要源泉，即第三利润源泉。供应链的出现，把从生产到零售环节当中的上下游各企业连起来组成了一个网链结构，企业可通过对这个网链结构的控制和管理，实现价值链的拉通。可以看出来，供应链之间的竞争已经逐步成为企业竞争的新焦点。企业正在从传统方式，即向销售和产品要利润，逐步过渡到新方式，即向供应链要利润，向供应链的三个流（实物流，信息流和资金流）要利润。

这实际上是企业降本挖潜的压力倒逼的结果。在很多行业中，制造成本的降低之路几乎走到了尽头，销售额的增加也难有大的突破，对供应链的优化和细化最有可能成为成长型企业的另外一个利润源。更重要的是，对供应链的优化和细化，并不仅仅是一个与效率和成本相关的话题，对那些希望加快自己的市场反应速度，更好地满足客户需求的成长型企业来说，选择合适的供应链，可能就等于选择了一个企业发展的保障利器。

三、企业升级再造的武器

在产业之间的竞争上，供应链的应用范围也逐步扩大。原来供应链还被局限在工业制造领域，如今已逐步扩展应用到其他行业，包括零售业、建筑业和养殖行业等。建筑业开始重视供应链，碧桂园的现代筑美就已经将供应链负责人作为公司副总列入高管名单。养殖业龙头正邦科技和双胞胎这两家企业都将供应链管理独立出来，希望拉通从养殖到饲料生产再到销售的一条龙生产服务，供应链成为公司新的增长点。

更不用说计算机业的戴尔、手机业的苹果，以及零售业的沃尔玛等世界五百强企业，这些世界巨头早就把优化供应链作为公司的重要战略，持续不断在供应链流程、模式和方法等优化上努力并取得了丰硕成果，为公司在行业领先夯实了基础。

这些都是企业转型升级的压力倒逼的结果。实际上，企业要存续和发展就必须与外界建立连接，伴随着全球分工格局、贸易格局和创新格局的深度调整，国内外经济环境正在发生深刻变化，进入了产业链更为多元和高质量发展的新时代。产业升级是靠产业链上企业的转型升级来实现的，而企业转型升级的动力很大程度上来自于下游环节的倒逼。下游环节包括分销商，物流服务商，也包括消费者。下游环节对供应链的渗透和改造是逆向的，从与消费者最近的零售环节渗透进分销环节，最终倒逼到生产制造环节，这个传导正是供应链的价值体现。在此过程中，生产方式、管理理念和生产设备，甚至原材料都将发生重大变化。所以当今企业之间真正的竞争就是供应链之间的竞争，只有供应链足够完善，企业才能屹立不倒。

第二节
供应链的发展方向

华为供应链 30 余年的管理变革和实践，取得了令人瞩目的辉煌业绩，且华为供应链还在不断地进行积极改变，这些给整个供应链的发展带来了许多积极的启示。

一、网络化

供应链向着网状协同的价值网络发展。从重视供应链环节到重视供应链协同，越来越多的企业开始致力于运作全产业链端到端的供应链协同，以求取得降本增效的最大效益。强化协同的路径是，从企业内部资源整合开始，扩展到企业外部的资源整合，包括跨界整合，通过协同打造大供应链。只有供应链与公司战略相结合，成为公司核心竞争力的一部分的时候，供应链才是大供应链。如果供应链没有真正与企业战略、投资决策和品牌营销等紧密结合，还停留在采购销售协同、设计与制造融合，那就还是小供应链。

要实现大供应链，供应链就需要从链式走向网状，这样才能进行更加实时、快捷的协同。当产品的需求是确定的，信息是少量、结构性的时候，供应链是链式结构。而未来，当消费者海量个性化需求出现，数据也是海量、非结构化的时候，链性的供应结构是很难满足市场需求的。未来供应链发展是向着网状的供应结构发展，网状结构具有弹性，且相对于单一的链式结构反应速度更快，每一个网络节点都可以实现单独或联合供给。

随着分销渠道的整合，供应链企业由单一线性的结构，转向动态的网状拓扑结构，由单一的"串联"转向"并联"，同时随着"一带一路"等倡议的推进，供应链行业将逐步建立互联互通的全球供应链体系。

二、服务化

近年来，新零售、新技术等的发展使得供应链向着以消费者为中心的方向发展，未来消费者将成为供应链的"话语主导者"。以消费者为中心的具体体现是个性化需求，消费者对购买商品的售前和售后服务要求越来越高，越来越注重个性化、定制化。同时重视客户体验，强调主动服务和产品全生命周期服务等趋势，使得供应链服务化的特性不断增强。

强调客户导向、客户服务和客户体验，将重塑品牌商与客户的连接，促使整个供应链向客户驱动转型，企业内部供应链各个环节将进行自我迭代，供应链的专业化、服务化能力进一步增强。供应链更关注不同类型主体（客户、服务企业和制造企业）通过价值感知，主动参与到服务型制造网络的协作活动中来，它们在相互的动态协作中自发形成资源优化配置，开展小批量多品种生产和服务，以实现个性化生产和服务。

服务型制造强调主动性服务，主动将客户引进产品制造、应用服务过程，主动发现客户需求，展开针对性服务。当前来看，客户定制不仅仅是打印Logo、名牌和纪念章等简单服务，而是需要提供大规模定制生产服务。大规模定制最大程度契合消费需求大趋势，能够为客户提供更高的产品附加值，同时企业也因供应链的创新和生产模式的重塑而实现增效降本，竞争力大大提高。

很多大型企业生产运营模式已经转变，由之前的只注重生产转变为产品和服务结合产品生命周期问题解决方案的提供商。尤其是业务外包模式的出现，使得企业的生产、营销、设计、开发、信息和保养等各个经营环节都能外包给其他企业，通过产业链协同的方式进行经营管理。而外包本身就是服务的一种，外包环节的多种业务流程又都可以衍生出更多的服务需求，生产制造也就必然会出现向服务化发展的趋势。

制造业服务化更像是制造业的演变路径，即制造业最终都要朝着服务化的方向发展，最终的形态是服务型制造取代生产型制造。服务型制造和制造业服务化，可谓异曲同工。孙林岩教授则在《21世纪的先进制造模式——服务型制造》中提出，服务型制造是为了实现制造价值链中各利益相关者的价值增值，通过产品和服务的融合、客户全程参与、企业相互提供生产性服务和服务性生产，实现分散化制造资源的整合和各自核心竞争力的高度协同，达到高效创新的一种制造模式。

服务型制造，是制造与服务融合发展的新型产业形态，是制造业转型升级的重要方向。制造业企业通过创新优化生产组织形式、运营管理方式和商业发展模式，不断增加服务要素在投入和产出中的比重，从以加工组装为主向"制造＋服务"转型，从单纯出售产品向出售"产品＋服务"转变，有利于延伸和提升价值链，提高全要素生产率、产品附加值和市场占有率。"服务型制造"的核心是制造业的转型升级和竞争力提升。将服务能力融入制造业，可以提升企业竞争力。

要鼓励制造业企业围绕核心技术和关键产品提供服务，通过服务和融入，提升产品价值和企业竞争力，实现投入服务和产出服务一体化。在推动企业开展工业服务转型中要重视服务，但不能弱化制造甚至脱离制造，要强调制造和服务互动融合，共同实现价值增值。

由此可见，服务型制造已成未来企业提升产品价值、打造核心竞争力的重要抓手。服务外包是效率型经济的集中体现，而服务型制造更有利于大中小企业协同发展。服务型制造是大势所趋，经济环境、产业趋势与企业困境决定了制造型企业不得不向服务化转型的命运。

三、数字化

数字化转型升级加速，世界迎来数字化发展浪潮，未来的供应链是数据驱动的供应链。以消费者需求驱动，技术赋能数字化供应链转型，大数据成为新的行业价值点。企业对供应链数字化转型越来越重视，增强数据采集、管理和挖掘能力，深入挖掘数据背后的巨大价值，优化业务流程，提升作业效率，便于供应链管理以及及时应对消费者需求。

企业的研发、生产、营销和物流等活动都将以客户数据作为驱动力和决策依据，企业将对全价值链进行数字化改造，包括对大数据、新技术、新平台、新金融和新制造等的全面升级，重塑供应链各个环节。在未来的市场竞争中，具备供应链创新能力的企业将占领先机。

数字化在供应链的应用将会日趋广泛。比如在数据驱动下，优化仓储点及物流路线布局，以提升效率。又比如利用大数据可以提升供应链预测能力，提高数据收集能力和数据质量，结合算法优化手段提升需求预测准确度。

数字化转型，将让企业在决策链、生产制造链和客户服务链的反应更加敏捷高效。数字化将为企业带来业务增长，提升产品质量及客户体验，助力企业实现流程自动化，从而实现高质量发展。

四、智能化

新经济背景下，新零售商业模式崛起，在其快速发展的驱动下，传统供应链领域亟须新的变革。例如新零售对配送行业的革新需求，高频次、高效率的订单需求大大增多。从传统供应链发展到智慧供应链，不是某一环节的发展或某一功能的实现，而是从多功能服务到场景化服务的转变，最终满足不断变化的客户消费需求。

人工智能、大数据和区块链新技术和新模式的快速发展，将使柔性、敏捷和智能成为未来供应链非常重要的特征，打造大数据支撑、网络化共享、智能化协作的智慧供应链体系成为供应链的发展趋势。消费者需求变化迅速，产品生命周期越来越短，要快速供货以捕捉市场需求，订单处理必须在几分钟内完成，这些变化都需要供应链创新变革。

数据挖掘与机器算法将会普遍应用于供应链管理，使品牌商的实时供应链与市场的实际需求完美地连接起来，实现网络化共享，促进供应链各个环节的智能化协作，从而使得整个供应链更具灵活性和敏捷性。以大数据、云计算、物联网、人工智能和5G通信为代表的新一代信息通信技术的发展和应用，正在重塑制造业的竞争优势。

五、连续性

在充满不确定性的时代,企业必须具备很强的风险管理能力才能基业长青。风险可能来源于政治、经济、商业和自然环境等多个方面。优秀的企业不仅需要规避可能重复发生的重大风险,也要为偶发性的高风险事件制订预案,并持续监控其他风险因素。

供应链系统是一个非常复杂的系统,供应链的内外部环境并不总是处于一种稳定的状态,现实生活中的各种不确定性给供应链带来了各种风险。供应链的危机来源于各种突发事件,可能来自于企业外部,包括不可抗力因素,例如地震、火山爆发、台风等自然灾害,战争、恐怖袭击等社会安全事件,传染病、食品卫生等公共卫生事件,关税政策、贸易壁垒等经济和贸易政策的重大变化;也可能来自于企业内部,如重大质量事故引发的产品召回,工厂火灾,员工罢工等突发事件。

(一) 风险来自突发事件

对于企业来说,各种突发事件轻则扰乱供应链,表现为原材料供应暂时中断,需求的巨大波动,以及供应路径的严重阻塞,重则导致供应链瘫痪、破裂,给企业带来经营危机,甚至威胁到供应链上的各个企业的生存发展。例如2000年,美国新墨西哥州的飞利浦芯片工厂大火,造成芯片供应中断,其大客户之一的爱立信反应迟缓,导致市场份额丢失,随后宣布退出手机市场;2008年我国南方遭遇雨雪冰冻灾害造成交通瘫痪,直接经济损失达500亿美元。相比而言,华为在"516事件"中虽然遭遇美国封锁,部分关键器件突然被断供,但华为提前采取了各种确保供应连续性的措施,使得美国无计可施,这也成了解决供应链突发事件的经典范例。

随着规模的增大，企业需要提前做好各种危机事件的应对和预防，处理好供应链系统中可能出现的致命的微小漏洞，避免因为突发事件造成的意外而随机性崩盘。企业应对突发事件的能力显得越来越重要，确保供应连续性已经成为企业经营的重要课题。

（二）关键在供应连续性

越来越多的企业认识到供应链的重要性，因而供应链风险的管控力度在不断加强。企业应对供应链突发事件，不仅仅是问题出现之后的被动应对，更应该提前识别、主动预防，做好供应连续性管理，做到"手中有粮，心中不慌"。同时要做好应急管理的流程、组织和机制建设，实行分级应对，妥善解决突发事件。

企业要坚持预防在前，练好内功；要有保险意识，建立供应链连续性管理机制，使得供应链更为强壮和健康。危机考验的是企业的核心能力，打铁还需自身硬，最根本的是要练好内功，提升企业的核心能力，做到不受制于人。

要重视供应链在企业中的作用，要发展多场景、多元化和多级合作伙伴，避免单一场景，避免独家，培养长期合作关系。针对各种重大突发事件要有应急预案，建立供应链连续性管理小组或委员会，制订连续性工作的标准和流程。具体的做法，首先是从根源进行预防，建立提前获取危机事件的信息识别机制，采用数字化手段，提升商业信息分析与共享的能力；其次是实施过程检查与控制，建立综合的追踪及监控系统，提升整条供应链的可见度。

（三）重点要做好应急管理

当危机真正来临时，企业要想实现快速应对，重点是做好应急管理。危机来了不要慌，要立即动起来，快速启动应急管理机制，第一时间成立应急小组，制订应急工作计划和联络方案，保持信息畅通，同时坚持按应急流程打通各环节，有序调度各环节协同开展工作，避免打乱战。

需要注意的是，大企业想要预防崩溃，要敢于投入成本，要做好生产能力恢复的模拟和演练，重点是人员需求、原材料补充和物流联动三大产能要素的供应管理。特别注意针对中断物资的补充，以及物流通道的打通，这些往往是实现复工复产的最后瓶颈。

最后，危机危机，危中有机。IT 泡沫之后华为破茧而出，走上国际化道路；非典疫情之后，阿里巴巴快速崛起，成长为阿里帝国。这些危机管理的经典案例，至今值得借鉴。

第三节
供应链的战略选择

技术创新为行业发展带来了新机遇。以 5G、人工智能和区块链为代表的新技术变革洪流所带来的行业创新将会进入爆发期，科技引发了消费者内心的新需求，解锁新体验将成为企业研究的新课题。

在未来相当长时期，供需关系的不确定性将成为中国企业面临的新常态。唯一确定的就是不确定性，这是当今市场竞争的真实写照。常见的需求不确定性包括需求难以预测、需求个性化、需求变化快、SKU 种类多和单个 SKU 销量低等；供应不确定性则包括产量不稳定、提前期不确定、流程变化多、生产线彼此难以转换和供应源不可靠等。

华为供应链走过的道路，可以简要地归纳为：从最早为了适应市场需求不确定性打造的快速反应型供应链，到华为品牌占据市场主导地位以后的高效型供应链，再到随着市场需求和产品形态多元化发展，打造的敏捷型供应链。

无论选择哪一种供应链战略，未来大供应链的四个支点需要注意。如图6-1所示。

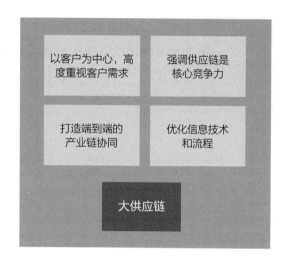

图6-1 大供应链的四个支点

供应链战略就是从企业战略的高度来对供应链进行全局性规划，确定原材料的获取和运输，产品的制造或服务的提供，以及产品配送和售后服务的方式与特点。供应链战略突破一般战略规划仅仅关注企业本身的局限，通过在整个供应链上进行规划，来为企业获取竞争优势。

供应链战略管理所关注的重点不是产品或服务本身给企业带来的竞争优势，而是产品或服务在整个供应链流程中所创造的市场价值给企业增加的竞争优势。

未来引领价值创造的两个主角，一个是客户需求，另一个就是技术创新。

市场发展是有节奏的，企业也要应变而变。企业打破兴亡周期，在动态复杂的商业环境里获得持续成功的唯一路径是，踏准节奏，使得自己的战略节奏与市场发展的节奏相契合，相协同。那么，如何对症下药，制订合适的供应链战略，显得非常重要。

在制订供应链战略之前，企业必须先了解其产品的供需特征，特别是不同产品线的供需特征差异。从供应链的实践来看，供应链的战略需要结合企业的经营战略、产品特点、销售渠道、供应方式和生产工厂分布来进行，即根据每个企业的具体情况量身定做。因此，企业在制订供应链战略时，必须要基于公司的经营战略，适应公司的发展阶段和定位，具体操作时的指导思想是，对不同细分市场中的产品进行业务场景分析，匹配行业市场的供需情况，同时结合产品特性和技术发展趋势，进而选择适用的供应链战略。如图6-2所示。

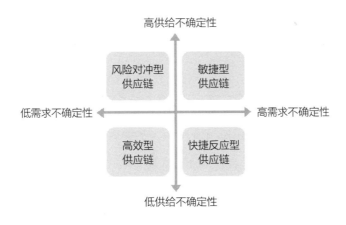

图6-2 四种类型供应链示意图

4种主要的供应链类型。

1) 高效型供应链：针对具备稳定供应流程的功能型产品，适用于"低需求不确定性+低供给不确定性"情境，旨在通过大规模生产标准化产品形成规模经济来赢得市场竞争。

2) 风险对冲型供应链：针对供应流程变化不定的功能型产品，适用于"低需求不确定性 + 高供给不确定性"情境，旨在集合、共享和利用多种供应资源，共担供给的波动性和风险。

3) 快捷反应型供应链：针对具备稳定性供应流程的创新型产品，适用于"高需求不确定性 + 低供给不确定性"情境，旨在对客户多元化的需求有快速而灵活的反应。

4) 敏捷型供应链：针对供应流程变化不定的创新型产品，适用于"高需求不确定性 + 高供给不确定性"情境，集合了快捷反应型和风险对冲型供应链的优点。

（来源：中欧运营及供应链管理学教授，赵先德，2017）

 扩展阅读： 华为的业务连续性管理

经过多年的持续建设，华为已在采购、制造、物流及全球技术服务等领域建立了从供应商到华为、从华为到客户的端到端业务连续性管理（BCM）体系，并通过建立管理组织、流程和 IT 平台，制订业务连续性计划及突发事件应急预案，开展员工 BCM 培训及演练，提升各组织 BCM 意识和应对突发事件的能力，确保了对日常业务风险的有效管理（见图 6-3）。

研发和采购阶段的关键举措

1) 多元化方案。在新产品设计阶段，从原材料级、单板级和整机级全方位推进多供应商解决方案，避免独家供应或单一地区供应风险，保障产品的可供应性。

2) 分场景储备。在量产阶段，为应对需求波动和供应行情变化，建立从原材料、半成品到成品的合理安全库存。

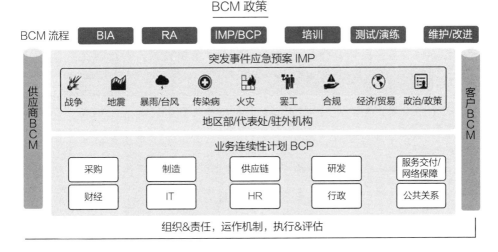

图6-3 华为BCM示意图

3)供需能力可视。与供应商深度协同,通过IT系统实现需求预测、采购订单和供应商库存的可视,确保需求的快速传递和供应能力的快速反应。

4)战略伙伴关系。与核心供应商建立战略伙伴关系,让它们优先保障供应给华为;与关键供应商签订长期供应保障协议,锁定产能和供应能力,保障瓶颈物料的供应安全;推动供应商建立BCM管理体系,并组织专项审核与改进。

制造、物流、备件方面的关键举措

1)制造能力备份。与多家电子制造服务商(EMS)建立战略伙伴关系,华为和EMS、各EMS之间可相互备份单板制造供应能力;在全球建立了深圳供应中心、欧洲供应中心、拉美供应中心和迪拜供应中心,四个供应中心之间均可相互备份整机制造供应能力。

2)物流运输能力备份。与全球多家主流物流供应商合作,通过设计多样化的运输路线,建立了覆盖全球交付业务的物流运输网络,确保出现突发事件时可启用备份运输路线，保障物流运输业务的连续性。

3）全生命周期备件储备。在产品停产之前，按照市场需求与历史用量滚动进行备件储备；在产品停产之后，按全生命周期预测，一次性做足备件储备，确保客户现网设备运行的连续性。

近十年以来，华为成功应对了许多重大自然灾害、政治、经济、贸易和网络病毒灾害等风险事件，例如日本海啸、泰国洪水、尼泊尔地震，以及勒索病毒的攻击等，这充分表明华为建立的供应连续性管理体系和管理机制是有效的，能够保障供应连续性和客户产品/服务的及时交付。同时，作为一家覆盖网络基础设施、IT基础设施、云服务和智能终端等领域的全球企业，华为与上万家供应商进行了广泛合作，并与这些合作伙伴建立了长期合作关系，结下了深厚的友谊。未来华为有信心与合作伙伴共同奋斗，奉行"合作共赢、共同发展"的生态合作理念，共创安全、可靠、有竞争力的健康产业链。

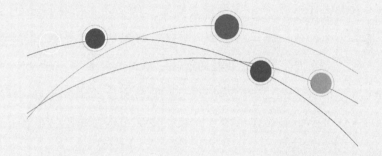

第七章

取经：
向华为供应链学习

华为供应链的变革、模式和方法

先来回顾任正非关于供应链的两段讲话。

2000年9月1日下午,华为党委组织"研发体系发放呆死料、机票"活动暨反思交流大会。任正非在会上提道:我们的管理系统,是从小公司发展过来的,从没有管理,到粗糙的管理;从简单的管理,到IPD(集成开发)、ISC(采购供应链)、财务四统一和IT的初步建设。此时,华为已经意识到供应链对于企业管理的不可或缺,将供应链与研发、财务等提到相同的高度。

2002年,华为公司面临公司自成立以来最为严重的"冬天"。但华为公司最高领导人却旗帜鲜明地指出供应链的重要性:未来的竞争是供应链的竞争。任正非在《迎接挑战,苦练内功,迎接春天的到来》中说道:我们公司胜利后,大家知道,这是一条供应链,将来的竞争是供应链的竞争。我们的供应链上连着数百个厂家,有器件的、标准的、系统的、合同的制造商、分销商和代理商,是非常庞大的体系。这个体系要当成我们的同盟军,你们只是不能干涉人家的经营,但在刨松环境土壤上要做出贡献,一件件的小夹袄送来,只要送到两万件小夹袄就够了。

近年来,华为的诸多方面都备受追捧,从早期的研发IPD,到后来的人力资源HRBP,华为大学培训体系,以及财经IFS,再到如今的供应链。那么华为供应链究竟有哪些地方值得业界来学习?世界上只有一个华为,华为无法复制,但是华为成功背后的管理逻辑是能够复制的。

企业学习别人不是机械照搬,而是要想清楚什么时候该干什么,学习的时机、条件和次序很重要。还原真实的华为供应链,从它成长过程中的关键变革和发展规律中去学才是真道理。

第一节
华为供应链凭什么

故事　供应链三大战役

当一家企业朝不保夕、食不果腹时,内部往往会"同仇敌忾"。华为曾在2009年就出现过为了订单的交付,供应链开展"三大战役"(2009年中国市场启动3G建设,华为对此展开了3场专题市场营销活动,直接涉及公司的营销、研发、供应链等体系)的盛景。

2009年1月,国内3G牌照正式发放,电信全业务时代真正到来,对华为来说,这是一次彻底赶超外资电信设备巨头的机会。经过了漫长的招投标过程,华为终于拿下了中国移动TD-SCDMA二期订单,占17%~18%的市场份额;中国电信CDMA在北京、广州和西安等城市的大单,市场份额占25%~26%;中国联通WCDMA订单,夺得30.6%的市场份额。全公司沸腾!

2009年3月6日,华为供应链召开了以"在战火中成长,以专业化服务保证胜利交付"为主题的"三大战役动员大会"。销售、研发和供应链的计划、物流、采购和制造等各路人马为了快速、高质量地履行订单加班加点,上下一致全力保障项目所需的主设备、辅料等物质顺利、及时派送到站点。

(资料来源：蓝血研究，2016)

在发展最迅速、波动最激烈的通信行业，华为是如何构筑这条价值链，以形成客户、公司、员工和供应链的"互赢利益共同体"的？在此，很有必要回顾一下华为供应链是如何炼成的，在历个关键阶段供应链都做了什么？

一、管理变革的急先锋

回顾华为的成长史和变革史，任正非指出："我们总是在稳定与不稳定、平衡与不平衡中交替进行变革，从而使公司保持活力。"如果阅读任正非过去30年的讲话资料，你会清楚地发现，他不相信管理可以归结为简单的公式，在他的认知中，采用怎样的管理方法取决于企业的发展阶段和面临的问题。

华为供应链相信行胜于言。供应链是华为内部承诺提供24小时不间断服务的部门之一。在面对客户时，华为供应链极少说"不"。华为销售部门给到供应链的经常是一大堆"看起来不可能实现的合同"，这一方面让供应链压力很大，但另一方面，却倒逼出了供应链无数的交付奇迹。正是供应链30年的积累，加上后来形成的一整套的供应链管理方法论，支撑着华为打败西方一个又一个的国际巨头……

任正非在华为变革中始终坚持他在2001年提出的理念："先僵化、再优化、后固化，持续地推进管理变革"。华为历经坎坷，直到1997年，管理仍是一团糟。但是任正非并没有直接向专家求教，相反，他率领了几位高管在1997年年底拜访美国的公司，试图寻找华为经营管理问题的解决方案。华为和很多中国公司不一样的地方就在于它借鉴了全世界最先进的管理制度。

回顾华为的发展历程，过去的30年，可以说是华为取得成长蜕变，走向伟大的30年，也是供应链取得大发展的30年。从ISC变革开始到今天的ISC+，从筚路蓝缕到装备精良，从游击战到集团军作战，供应链都是华为管理变革的急先锋，也正是供应链有效支撑了华为全球业务的快速发展。华为供应链与公司的发展相伴相生，相辅相成。

二、只有接不回来的单，没有发不出去的货

在华为内部，有一句流传广泛的话，那就是：只有接不回来的单，没有发不出去的货。这句斩钉截铁的话，体现出了供应链钢铁一般的意志和卓越的能力。什么样的队伍可以被称为铁军？所谓铁军，那就是目标感强、执行力强、战绩优秀的队伍，可谓是平常阶段管得好，关键时候扛得起，异常时期顶得住。所以供应铁军的称呼应该有两层含义，第一层是拥有钢铁一般的战斗力；第二层是经历过千锤百炼，具有百炼成钢的意志。

铁军的目标：要做就做最好，构建世界一流的供应链体系；

铁军的队形：铁三角+价值链+端到端；

铁军的口号：只有接不回来的单，没有交不出去的货；

铁军的风格：能战，敢战，善战；

铁军的战绩：支撑运营商网络业务成为世界第一，手机业务进入世界前三名。

当然供应铁军的形成，非朝夕之间，而是经过长时间的历练。伴随华为公司成长，经过几代华为人的历练积累，华为供应链形成了一整套专业化的方法论和独特且过硬的作战风格。华为供应铁军的称号并非浪得虚名。

第二节
走向成功的华为供应链

华为创始人任正非强调："要建立一系列以客户为中心、以生存为底线的管理体系，企业要摆脱对个人的依赖，使要做的事从输入到输出，直接端到端、简洁而有效地连通，尽可能减少层级，使成本低，效率高。"华为无生命的管理体系，可以总结为一个核心，两个支柱。一个核心指的是华为以业务为驱动的核心管理思想，这也是华为业务管理的精要所在，以业务经营驱动市场销售，并倒逼组织变革。而两个支柱，一个是管理架构、流程与IT支撑的管理体系；另一个是对人的管理和激励机制。

经过无数次烈火炼金般的管理变革，任正非说华为公司最宝贵的是无生命的管理体系。因为人的生命是有限的，而机制是没有生命的，这种无生命的管理体系才是企业最大的财富。华为相信，资金、技术和人才这些生产要素只有靠管理将其整合在一起，才能发挥出巨大的效应。

华为供应链成功的背后，离不开华为对供应链的高度重视，供应链也对华为的商业成功给予了有力支撑，供应链的方法论体系也是华为无生命管理体系的重要组成部分。

一、华为对供应链的重视

1998年华为引入IBM管理模式以后，华为对供应链的重视与日俱增。前面回顾了一些任总（任正非）的讲话，这些讲话可以反映出他对未来供应链竞争本质的认识，显示出他的前瞻性，对企业供应链、产业链、生态链的深刻理解，是任总企业治理哲学的重要组成部分。

华为过去的生存和发展靠的是管理变革，靠的是管理职业化、流程化，这让华为从一个微不足道的小公司成长为一个受人尊敬的世界500强巨头。如今，华为正逐步建立起无生命的管理体系，它引领着华为走在通往伟大公司的道路上。而华为供应链正是华为打造无生命管理体系不可或缺的一部分，包含管理机制，也包含流程，IT和组织，以及专业技术、方法和工具等。

二、供应链对华为商业成功的支撑

过去的30年，供应链有效支撑了华为全球业务的快速发展。华为供应链的改善，不是一蹴而就的，而是通过长期管理变革来实现的，而且形成了一套系统的供应链管理方法论。

华为深刻地认识到，不管供应链怎么变，它的核心要素是永远不会变的，即质量好、服务好、运作成本低、优先满足客户需求。无论是传统行业，还是互联网行业，要想发展都需要把更好的产品以更便宜的价格，更准确地交付给客户。管理的优化，一定要抓住业务的本质，而不要被那些形式上的变化所迷惑。

基于上述认识，华为认为供应链的最大作用就是及时、准确、优质、低成本地把货交给客户。也正是基于此定位，华为供应链在公司成长壮大的过程中，发挥出强悍的组织动员能力和高效的快速交付能力，有效支撑华为的销售额从1987年到2018年增长了3000倍，而华为供应链的人员增长速度远低于公司的销售增长速度。

如果只在一个领域的成功，可能有运气的成分，但是华为供应链的成功是多场景、可复制、可推广的，所以华为供应链的成功绝不是偶然。

在有效支撑公司的运营商业务登顶世界第一以后，华为供应链更是助力公司从 2B 向 2C 成功转型。与华为的泛网络业务相比，终端业务属于华为的新赛道，起步和成名都要晚得多，终端的供应链长期处于默默无闻的状态。但在终端业务快速崛起的道路上，供应链起到了举足轻重的作用。无论是遭遇三星 TPLCD 缺货，或是遇上 MATE7 手机需求暴增，还是赶上了"516 事件"，供应链总能挺身而出，保障供应，从而助力销售团队不断开疆拓土，迅速占领全球市场。

三、供应链的方法论体系

经历过 ICS 管理变革，华为供应链逐步从流程、IT 和组织等方面着手，建立起了一套完整的、具有华为特色的管理方法论。在公司降本增效方面，供应链具有举足轻重的地位，已经成为华为核心竞争力的关键要素。华为供应链方法论体系的关键点如下。

导向：客户导向、流程导向和协同导向。

口号：只有接不回来的单，没有交不出去的货。

定位：供应链是产品和服务价值实现的平台，是采购商务界面、供应保障的出口，对出厂质量负责，是公司核心竞争力的关键要素。

战略：安全是基础，质量是保障，交付是目标，成本要有竞争力，创新是驱动力。

作战风格：具有强烈的目标导向，围绕公司的经营战略，高效、优质、低成本地达成客户交付，实现华为商业成功。

供得上：做好供应保障和产能建设，实现端到端交付，打通到达客户的最后一公里。

供得快：供应周期足够短，并能快速响应，迅速抓住市场机会。

供得好：构建有竞争力的成本结构，保障出厂质量，支撑华为产品成为ICT领域高品质的代名词。

发展路径：华为供应链具有强大的学习能力和坚强的意志力，借助西方先进管理思想实现了升级。华为供应链的发展路径是从供应孤岛，到内部供应链集成，再到外部产业链集成，它走过供应链发展的完整路径，构筑起了世界一流的供应链。

第三节

华为供应链不断前进

客观来说，华为的供应链正在与华为其他领域共同进行世界级的管理实践，同时也在构建世界级的管理体系。如果说供应链管理的境界分为三层，那么华为无疑已经处在最高层（第三层）。

供应链管理的三层境界。

第一层，根据不同产品确定不同的供应链战略，设计合适的供应链网络及流程，匹配不同的供应链资源、供应链绩效。

第二层，不能只关注你的客户，更要关注客户的客户，努力为最终的消费者提供服务，产品是服务的载体，要从产品延伸到服务。

第三层，建立平台型的生态圈，合理设计生态圈发展机制，公开透明记录平台发展数据，与生态圈的参与者合作共赢。

一、锦上添花还是雪中送炭：供应链成为核心竞争力

华为供应链当过公司的救火队长，也经历过"能力不足，努力来补"的手拉肩扛时代，供应链一度也提过不能掉链子这样的最低要求。现如今，对于华为取得的商业成功，以及在终端业务上再次成功转型，供应链都有着突出的贡献。

华为供应链绝不只是锦上添花，也不单是雪中送炭，供应链毫无疑问是华为冲锋陷阵的关键成员。供应链的核心竞争力是由敏捷的供应链系统能力，强大的持续学习能力和高效的资源整合能力构成。

二、通向万亿发货之路：华为成功背后的供应链因素

很明显，华为供应链的成功是通过几代供应链人的艰苦奋斗，持之以恒地努力建设和管理变革积累获得的。

华为供应链经历了从 0 到 1 的阵痛，也体验过从 1 到 N 的裂变。预计 ICT 和消费者行业的全球市场空间都将达到上万亿美元，千锤百炼之后的华为供应铁军，正在朝着万亿元发货之路前进。

三、持续改进：华为供应链还能继续成功吗

面向未来的 VUCA 时代，华为供应链面临的任务将更为艰巨，遇到的挑战将更为棘手。供应铁军的光荣称号，以及华为强大的无生命供应链管理体系，将会成为华为供应链前进的强大基石和重要推动力。时至今日，华为供应链的变革还在继续，ISC +、CISC……华为供应链前进的脚步不会停歇。

那么，华为供应链的成功是否是可持续的，华为供应链成功的 DNA 是否

可以复制和迁移?

通过本书的概括和总结,相信已经给了读者们一个满意的答案。

扩展阅读:

《从系统工程角度出发规划华为大生产体系架构,建设世界一流的先进生产系统》任正非在松山湖工厂沟通纪要,2018年2月24日。(请读者自行在网上搜索)

后 记　前进的铁军

供应铁军

故事　海外物流高级专员

既不海外，也不高级

我想给大家讲述我 2006 年入职华为的故事。那时候，我大学毕业不久，过五关斩六将，拿到了华为的 Offer（录用通知）。我记得很清楚，当时我应聘的是海外物流高级专员，一个看起来挺高大上的职位。然而理想很丰满，现实很骨感。入职后才发现这个岗位既不海外也不高级！物流专员倒是真的，因为管的是仓库，这是我以前从未接触过的工作，非常琐碎。

走动式管理

有一段时间我都感觉整个人都沉默了，工作内容就是在物流现场和生产车间到处走动，美其名曰是走动式管理，实际上就是到处"找茬"，看到"不顺眼"的地方就要想方设法去改善。大约过了半年，我才适应过来，想着来都来啦，就努力干吧。接着，我从仓储调到运输，再从运输调到制造，终于把现场管理的课补上了。

职场悟道

我后来又变换过很多岗位，相继在制造、订单、计划和调度等部门工作，相当于在终端供应链各部门轮了个遍。在轮换过程中，我的职位也逐步上升，且速度并不慢，我有幸在2008年年初就担任科长，2012年升任经理，后来又继续升迁当了部长，成为大部门管理团队的一员。在这个螺旋式上升的过程中，我自己慢慢悟出了道理，也算是印证了先贤王阳明的经典论断：人须在事上磨。正是秉持这种开放的心态，坚持学习和自我调整，最后发现整个供应链领域已经没有我干不了的事情。

等我担任管理者以后，才知道我入职华为那段时间恰逢公司在海外大举扩张，于是终端公司抓住这个机会，这才有了所谓的海外物流高级专员的招聘广告，也成就了我的这段职场经历。

多年以后回想起这段往事，我的理解更加深刻。正是成千上万胸怀大志的知识青年，坚持干一行、爱一行、专一行，长期发扬艰苦奋斗和不达目的不罢休的精神，以点滴之力汇聚成华为强大的奋斗者大军，为华为的商业成功立下了汗马功劳。

"铁军"，指顽强善战、无坚不摧的军队。华为供应链的铁军称号，寓意这支队伍历经千锤百炼，是打不败的，是战无不胜、攻无不克的。

华为供应链被称为铁军，一方面是因为这支队伍具有强大的战斗力、优良的作风和完备的管理体系，另一方面是因为这个团队的成员非常有自豪感、成就感和对团队的认同感。回顾供应链在华为历次管理变革中所付出的努力，尤其是供应链在公司处理"516事件"中充当中流砥柱的角色，就可以看出华为供应链这个幕后英雄在关键时刻大显身手、力挽狂澜的铁军本色。

华为在外流传的故事很多，但多是关于市场和研发等领域的，供应链的故事相对较少，为此，本书在各章内容里特意增加了一些供应链的故事。华为供应链的故事很精彩，故事里是一个个鲜活的人物，以及他们走过的道路，还有他们的思考和感受。复盘这些供应链的经典往事，可以生动地再现华为的成长历程，更能折射出华为供应链铁军形成的曲折历程。

华为走过的 30 年，是供应链成长壮大的 30 年，也是一代又一代供应链人奋斗的 30 年。在这 30 年的历程中，华为供应链团队发扬团结协作、集体奋斗的铁军风格，用一点一滴的汗水浇灌着业务的快速成长，用职业化、流程化和专业化的方法和工具铸就了华为这个世界级的供应链平台。华为供应链团队一批又一批的兄弟姐妹，他们成就了伟大的事业，打造了伟大的团队，擦亮着华为供应链这个金字招牌，共同见证了中国最有代表性的民营企业在供应链领域所进行的曲折、坚定、勇敢且富有成就的管理实践。

华为没有"倒下去"，还在扛着中国科技领头羊的光辉旗帜奋勇前进，永不停歇。

华为公司创始人任正非说过，人生攒满回忆就是幸福，而奋斗的青春最值得回忆。华为供应链这段管理实践和奋斗的往事注定会被写入华为发展史，也会被载入中国供应链管理实践的史册。

谨以此书，向曾经在华为供应链一起并肩作战过的兄弟姐妹们致敬！

附 录

供应铁军

附录 A
华为公司 2008—2017 年销售业绩与利润趋势图

从 2008 年开始,华为连续 10 年保持增长态势,其中 2009 年、2010 年、2015 和 2016 年,出现了 4 个高增长点。

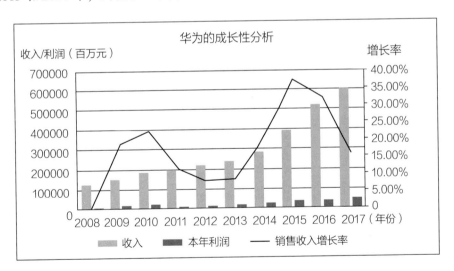

附录 B
华为公司 2008—2017 年研发投入和研发投入占销售比趋势图

从 2008 年开始,华为一直保持较高的研发投入,2016 和 2017 年,连续两年的研发投入超过了销售收入的 10%。

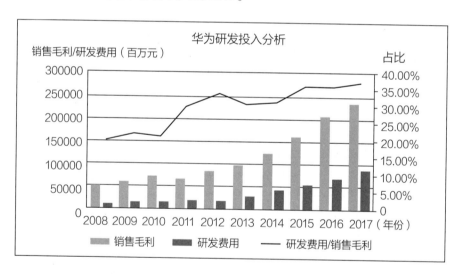

附录 C
华为手机 2010—2018 年发货量

从 2010 年开始，华为智能手机开启腾飞之路，仅 8 年时间，年销量增长了 66 倍。

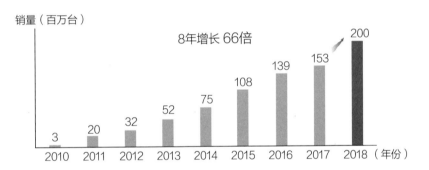

附录 D
华为发展大事记

时间	阶段	战略举措	经营业绩	标志性事件
1987—1995	生存	市场上采用跟随战略,农村包围城市,低成本抢占市场;产品上从代理到自主研发	1992年,销售规模突破亿元大关,员工人数达到200人; 1995年,销售额达15亿元,主要来自中国农村市场	1987年成立于中国深圳南油; 1992年,开始研发并推出数字交换解决方案; 1994年推出C&C08数字程控交换机; 1995年,成立北京研究所
1996—2004	追赶	开始二次创业与迈向国际化,实行基础管理系统变革,包含人力资源系统、管理体系、流程体系	销售收入国内第一,并开始走出国门; 2003年,销售额达到317亿元,超过50%的增长率	1996年1月,华为市场部集体辞职; 1998年,引入IBM变革,公司"二次创业"; 1996年,进军国际市场; 1998年,审议通过《华为基本法》; 2001—2003年是华为的冬天,业绩陷入停滞

262

（续）

时间	阶段	战略举措	经营业绩	标志性事件
2005—2017	商业模式变革（2005—2010）	全面实施全球化战略化；产品开发上采取纵向一体化、多元化和国际化并举的战略；在市场竞争上，采取与"合作伙伴"共赢的战略；由全面通信解决方案提供商向提供端到端通信解决方案和客户驱动型的电信设备服务商转型	2010年，华为首次上榜《财富》世界500强，排名第397位，营业额218亿美元	2005年，海外合同销售额首次超过国内合同销售额；2006年，以8.8亿美元的价格出售H3C公司49%的股份；2007年，成为欧洲所有顶级运营商的合作伙伴；2008年，移动宽带产品全球累计发货量超过2000万部，根据ABI的数据，市场份额位列全球第一
	组织转型（2011—2018）	LTE（Long Term Evolution，长期演进项目）布局，3G切换4G；公司开始确立云管端一体化战略；整合海思，发展自研芯片	2013年，超过爱立信，成为世界第一大电信制造商；2016年，全年智能手机发货量达到1.39亿台，同比增长29%，连续五年稳健增长；全球市场份额提升至11.9%，居全球前三2017年，首次进入《福布斯》全球最具价值品牌榜，	2011年，整合成立"2012实验室"；2013年，在英国伦敦成立全球财务风险控制中心，管控华为全球财务运营风险；2013年，华为Ascend P6发布，成为华为第一款真正意义上的全球旗舰手机；

（续）

时间	阶段	战略举措	经营业绩	标志性事件
2005—2017 2011—2018	变革 组织转型		品牌价值73亿美元，排名第88位；过去十年间华为研发累计投入达3940亿元，仅2017年研发投入就达896亿元，占公司营收的14.9%，研发营收比超过苹果，位列全球研发投入排名第六位	2015年在企业专利申请排名方面，华为以3898件连续第二年位居榜首；2017年，新成立Cloud BU（华为云业务部门）
2018年以后	走向伟大	全面推进5G商用战略，运营商IoT引领万物互联；手机业务上致力于做智慧全场景产业王者；打造鸿蒙OS，鲲鹏产业生态	2019年，华为智能手机业务保持稳健增长，发货量超过2.4亿台；2019年，华为销售收入8600亿元，同比增长18%	2019年5月16日，美国商务部封锁华为；2019年，任正非连续接受国内外采访、发表演讲，文章超过40次（篇）

参考文献

供应铁军

[1] 田涛，吴春波. 下一个倒下的会不会是华为 [M]. 北京：中信出版社，2012.

[2] 吴晓波，穆尔曼，黄灿，等. 华为管理变革 [M]. 北京：中信出版社，2017.

[3] 芮斌，熊珈玥. 华为终端战略 [M]. 杭州：浙江大学出版社，2018.

[4] 刘宝红，赵玲. 供应链三道防线 [M]. 北京：机械工业出版社，2016.

[5] 殷绍伟. 精益供应链 [M]. 北京：机械工业出版社，2016.

[6] 程晓华. 制造业库存控制技巧 [M]. 4版. 北京：中国财富出版社，2016.

[7] 辛童. 采购与供应链管理 [M]. 北京：化学工业出版社，2018.

[8] 孙林岩，李刚，江志斌，等. 21世纪的先进制造模式——服务型制造 [J]. 中国机械工程，2007，19：2307-2312.

[9] 孙林岩. 服务型制造：理论与实践 [M]. 北京：清华大学出版社，2009.

[10] 康纳. 超级版图：全球供应链、超级城市与新商业文明的崛起 [M]. 崔传刚，周大昕，译. 北京：中信出版社，2016.

[11] 特伦特. 战略供应管理：开拓竞争优势的新源泉 [M]. 王微怡，译. 北京：中国财富出版社，2014.

[12] 田涛，殷志峰. 迈向新赛道 [M]. 北京：生活·读书·新知三联书店，2019.

[13] 田涛，殷志峰. 厚积薄发 [M]. 北京：生活·读书·新知三联书店，2017.